国家出版基金项目
NATIONAL PUBLICATION FOUNDATION

"十三五"国家重点出版物出版规划项目

汉语韵律语法丛书

冯胜利 端木三 王洪君 主编

汉语的弹性词

邱金萍 著

北京语言大学出版社
BEIJING LANGUAGE AND CULTURE UNIVERSITY PRESS

图书在版编目（CIP）数据

汉语的弹性词 / 邱金萍著 .-- 北京：北京语言大学出版社，2018.12

（汉语韵律语法丛书 / 冯胜利，端木三，王洪君主编）

ISBN 978-7-5619-5385-3

Ⅰ. ①汉… Ⅱ. ①邱… Ⅲ. ①汉语－韵律（语言）－研究 Ⅳ. ① H11

中国版本图书馆 CIP 数据核字（2018）第 273803 号

汉语的弹性词

HANYU DE TANXINGCI

排版制作：北京创艺涵文化发展有限公司
责任印制：周 燚

出版发行：北京语言大学出版社
社 址：北京市海淀区学院路 15 号，100083
网 址：www.blcup.com
电子信箱：service@blcup.com
电 话：编 辑 部 8610-82303647/3592/3395
国内发行 8610-82303650/3591/3648
海外发行 8610-82303365/3080/3668
北语书店 8610-82303653
网购咨询 8610-82303908
印 刷：北京九州迅驰传媒文化有限公司

版 次：2018 年 12 月第 1 版
印 次：2018 年 12 月第 1 次印刷
开 本：880 毫米 ×1230 毫米 1/32 印 张：5.25
字 数：116 千字
定 价：45.00 元

总　序

我国学者对韵律的关注有着悠长的历史。《毛诗序》说："情发于声，声成文谓之音。"这是古人区分随意的"声"与有序的"音"的最早论述。《荀子·乐论》云："（先王）故制《雅》《颂》之声以道之，使其声足以乐而不流，使其文足以辨而不諰，使其曲直、繁省、廉肉、节奏，足以感动人之善心……"这是古人用声律来区分雅俗、节奏的千年古训。

在中国古代的节律研究史上，对韵律规则关注最细密、阐述最清楚的莫过于南朝的沈约[①]。他说："欲使宫羽相变，低昂舛节，若前有浮声，则后须切响，一简之内，音韵尽殊，两句之中，轻重悉异。"（《宋书·谢灵运传论》）这里的基本精神与当代韵律学创始人 Liberman 的"相对轻重论"[②]是一致的。当然，沈约也自知局限："韵与不韵，复有精粗，轮扁不能言，老夫亦不尽辨此。"（《答陆厥书》）稽古鉴今，从 Liberman"相对轻重论"发展出来

---

① 沈约（441—513），字休文，吴兴武康（今浙江德清）人，南朝史学家、文学家。他在给陆厥的信中说："（古人）虽知五音之异，而其中参差变动，所昧实多，故鄙意所谓'此秘未睹'者也。以此而推，则知前世文士，便未悟此处。"

② M. Liberman. *The Intonation System of English*. PhD dissertation, MIT, 1975.

的当代节律学（metrical phonology）给了我们辨识“韵之精粗”的现代工具。[①]

古代的韵律不仅涉及发音，还事关语法。最早触及这个题目的当属唐代的孔颖达。他在《毛诗正义》里疏解“视民如禽兽”时说：“《经》言‘虎’‘兕’及‘狐’，止有兽耳，言‘禽’以足句。”他在疏解《召南》“羔羊之皮”的时候说：“兼言羊者，以羔亦是羊，故连言以协句。”其中的“足句”“协句”（其他尚有“圆文”等韵律分析）都为今天韵律语法的建立，提供了古代的语料和证据。

在汉语语言学史上，最早发现韵律制约句法现象的当首推马建忠。[②]他在研究“易之以羊”和“以羊易之”两种句型时精辟地指出：“转词介以‘以’字置于止词之后者，盖止词概为代字，而转词又皆长于止词。”(《马氏文通》）就是说，如果动词的宾语是代词，而介词的宾语又较长的话，那么就要采用[[V+ 代][以 +NP]] 的格式。以成分的长短定词序，正是从韵律控制句法的角度看问题。然而，值得回味的是，马氏虽然惊

① 注意：在 Liberman 之前，Chomsky、Halle 和 Lukoff（1956）早已奠定“循环重音指派”（cyclic stress assignment）的操作体系〔也即韵律跟语法的直接相关性。参 On accent and juncture in English. In: Morris Halle, Horace Lunt, Hugh MacLean, and Cornelis van Schooneveld (eds.), *For Roman Jakobson*. The Hague: Mouton, 1956. 65-80.〕。而 Halle 和 Keyser（1966、1971）的文章更可看作生成节律学（generative metrics）的创始之作〔其中的重音分布规律，采用了 Chomsky、Halle 和 Lukoff（1956）的理论，认为重音跟句法直接相关。参 Morris Halle and Samuel Jay Keyser. Chaucer and the study of prosody. *College English* 28.3 (1966): 187-219. 及 Morris Halle and Samuel Jay Keyser. *English Stress: Its Form, Its Growth, and Its Role in Verse*. New York: Harper and Row, 1971.〕。

② 事实上，乾嘉学者如王念孙等均有很好的发明，但当时“韵律训诂”方面的研究才刚刚开始。

人地发现了韵律的作用，但却说“惟排偶声律者，等之‘自郐以下’耳”—— 将韵律的因素排斥在句法之外。他一方面卓有发明，另一方面又自毁长城，为什么呢？究其根本，是没有理论的缘故。[①]于是杨树达批评他说：“但据类例之多少为言，绝无何等理论为根据也。”(《马氏文通刊误》）我们吃没有理论的亏，太多了！殊不知，我们吃不能（不善？不屑？）创造理论的亏，更大、更多！没有理论，很难准确地把握现象，到手的东西也终将复失，更不消说本质与规律。马氏韵律语法的失败在没有创立理论。事实上，马氏不仅没有韵律理论，他的句法理论也不独立(《马氏文通》大抵以拉丁语法为底本)。当然，我们在看到理论之必要（necessary condition）的同时，也不能忘记它并非充分条件（sufficient condition)。原因很简单，即使有了理论也不能保证对现象的揭示准确无误。乔姆斯基的管约句法论（government-binding theory）可谓理论，但根据这个体系，Zwicky 和 Pullum（1986）得出的却是一个错误的结论：句法无语音原则（Principle of Phonology-Free Syntax）[②]。他们说：“句法无语音原则是为跨语言而设定的语法，该语法禁止句法规则或句法限定参考音系的信息。”（The Principle of Phonology-Free Syntax (PPFS) is a proposed universal principle of grammar that prohibits reference to phonological information in syntactic rules or

① 什么是理论？我们认为，其本质属性主要有两点：一是要把假设和规则说明确（explicit)，一是要有可验证的预测（make verifiable predictions)。参 Karl R. Popper. *The Logic of Scientific Discovery*. New York: Basic Books, 1959.

② Arnold M. Zwicky and Geoffrey K. Pullum. The principle of phonology-free syntax: introductory remarks. *Working Papers in Linguistics* 32. Columbus, OH: The Ohio State University, 1986. 63-91.

constraints.)[①]

在形式句法理论界，这一“句法无语音”的错误信念直到最简方案出来后才逐渐改变。2008 年 11 月 7 ～ 9 日在康奈尔大学召开的第 39 届 NELS 会议的广告上，我们第一次听到这样的声音：

“The design of the grammar is standardly assumed to be complex, involving components such as phonetics, phonology, syntax and semantics. The initial view that components of the grammar are autonomous has proven to be overly strong, and more and more cases of interfaces among components have been documented. This in turn opens questions about the extent and nature of such interfaces: is there a line between interacting components and components without borders?”

基于这种新的认识，会议邀请学者投交有关“explore empirical as well as theoretical aspects of the interfaces among two or more components of the grammar, and formal tools that capture such interfaces”的论文。时隔不久，Richards 在 *Uttering Trees*（2010）一书中便提出“疑问词移位”（*wh*-movement）是由韵律导致的看法：疑问词移位的句法运作发生在韵律刚好需要的情况下（The syntactic operation of *wh*-movement takes place just in case the prosody requires it.)。在 20 世纪 70 ～ 80 年代的形式句法里，这是不可想象的。

国际韵律语法研究风起云涌，我国韵律语法研究的情况则很

---

① 引自 Philip H. Miller, Geoffrey K. Pullum, and Arnold M. Zwicky. The principle of phonology-free syntax: four apparent counterexamples in French. *Journal of Linguistics* 33 (1997): 67-90.

不同。我们一向没有宏大系统的语言学理论，自然也没有 Zwicky 那样极端、绝对的理论错误。从上面看到，韵律对语法的作用我国古代先贤早有揭晓，进入当代，相关研究层出不穷。最明显、最有影响的是郭绍虞的“弹性词说”（1938）[①]和吕叔湘的2+1、1+2的“趋势说”（1963）[②]。当然，赵元任的“电离化（ionization）/离合词”理论，更堪称早期韵律语法最精辟的分析：

可是既然咱们可以说“上了一堂课”，何以不能说“体了一堂操”？要是照字面意义来说，“操了一堂体”应该更合逻辑，可是却没人这么说。这又是语音的因素比逻辑的因素更重要的关系。但是动—宾式结构的抑扬型韵律就足以强迫“体”作动词，“操”作宾语，不管逻辑不逻辑。因此“体了一堂操”就成了学生的经常用语了。

——《中国话的文法》[③]

这里“抑扬型韵律就足以强迫‘体’作动词，‘操’作宾语，不管逻辑不逻辑”一语，为我们开辟了一个新的研究领域。顺此而推，汉语韵律的另一重要属性就是近年来发现的“韵律的形态功能”（参本系列丛书中王丽娟《汉语的韵律形态》）。这方面的研究，我们甚至可以溯源到陆宗达、俞敏（1954）对“开开儿”（动词，重音在第一个“开”上，如：这水得开开儿再喝）和“开开儿”（形容词，重音在“开儿”上，如：这水开开儿的，正好沏茶啊）等北京话词语的重音分析。[④]

① 《中国语词之弹性作用》，载于《燕京学报》1938 年第 24 期。

② 《现代汉语单双音节问题初探》，载于《中国语文》1963 年第 1 期。

③ 刘梦溪主编《中国现代学术经典》“赵元任卷”中的《中国话的文法》，河北教育出版社，1996 年。

④ 陆宗达、俞敏，《现代汉语语法》（上册），群众书店，1954 年。

汉语韵律语法研究的另一大宗是它在文学上的作用。我国（和邻邦）的学者在这方面的研究有着长久的历史和丰富的学说。南朝沈约的"浮声、切响"(《宋书·谢灵运传论》)、刘勰的"往蹇来连"(《文心雕龙·声律》)，唐代日本和尚遍照金刚的"诗行两半（半逗律）"(《文镜秘府论》)，清代桐城派学者刘大櫆的"音节神气"(《论文偶记》)，以至于当代启功先生的"诗节韵律"(《诗文声律论稿》)，等等，都是我国古今节律学研究的宝贵财富，亟待总结和开发。

如果说郭绍虞的"弹性"、吕叔湘的"趋势"和赵元任的"电离化"均是以20世纪70年代以前的传统韵律理论为基础进行研究的话，那么我国当代韵律语法的研究则是以Chomsky、Halle、Keyser以及Liberman等当代学者70年代前后提出的"相对轻重说（relative prominence）"[①] 为基础，伴随80年代改革开放带来的西方当代语言学理论的引入而开始的。我们知道：汉语韵律语法的研究以"句法影响/制约韵律"为起点。譬如C. C. Cheng（1973）[②] 提出的以句法分枝为上声变调域的观点，Chilin Shih（1986）[③] 和Matthew Chen（2000）[④] 进行的以句法为基础的音步研究（foot formation based on syntax），Matthew Chen和他的学生提出的以句法XP为界确定的连音变调域（如Chen,

① M. Liberman and A. Prince. On stress and linguistic rhythm. *Linguistic Inquiry* 8 (1977): 249-336.

② C. C. Cheng. *A Synchronic Phonology of Mandarin Chinese* (*Monographs on Linguistic Analysis*, No. 4). The Hague: Mouton, 1973.

③ Chilin Shih. *The Prosodic Domain of Tone Sandhi in Chinese*. PhD dissertation, University of California at San Diego, 1986.

④ Matthew Chen. *Tone Sandhi: Patterns across Chinese Dialects* (*Cambridge Studies in Linguistics*, No. 92). Cambridge, UK: Cambridge University Press, 2000.

1987）[1]，Selkirk（1986）[2] 受到 Matthew Chen 影响后提出的“界定参数”（edge-setting parameters）和“韵律范畴域”（domains of prosodic categories），Selkirk 和 Shen（1990）[3] 观察到的上海方言里“句法—韵律错配现象”（phonology-syntax mismatches），还有 Duanmu（1995、1999）[4] 提出的上海话连音变调域的重音循环指派法（tone sandhi domains are based on cyclic stress assignment），等等，都是从“句法影响韵律”的角度进行的研究。与此同时，Matthew Chen（1979）[5] 还进行了“句法—韵律相互影响”的研究。他在汉语律诗的探讨中提出句法分枝和韵律分枝必须彼此对应的规律。当然，令人更为关注的是突破 Zwicky“句法无语音原则”的新理论：“韵律对句法的影响和制约”。这方面我们首先看到的是 Inkelas 和 Zec（1990）[6] 有关韵律制约句法的研究，其次是

---

① Matthew Chen. The syntax of Xiamen tone sandhi. *Phonology Yearbook* 4 (1987): 109-149.

② E. Selkirk. On derived domains in sentence phonology. *Phonology Yearbook* 3 (1986): 371-405.

③ E. Selkirk and Tong Shen. Prosodic domains in Shanghai Chinese. In: Sharon Inkelas and Draga Zec (eds.), *The Phonology-Syntax Connection*. Stanford and Chicago: CSLI Publications and University of Chicago Press, 1990. 313-337.

④ S. Duanmu. Metrical and tonal phonology of compounds in two Chinese dialects. *Language* 71.2 (1995): 225-259. & S. Duanmu. Metrical structure and tone: evidence from Mandarin and Shanghai. *Journal of East Asian Linguistics* 8.1 (1999): 1-38.

⑤ Matthew Chen. Metrical structure: evidence from Chinese poetry. *Linguistic Inquiry* 10.3 (1979): 371-420.

⑥ Sharon Inkelas and Draga Zec (eds.), *The Phonology-Syntax Connection*. Stanford and Chicago: CSLI Publications and University of Chicago Press, 1990. 365-378.

Feng（1991、1995）[①] 有关汉语的韵律结构和韵律制约的句法研究。继此则有 Zubizarreta（1998）的 P-movement[②] 以及董秀芳（1998）[③]“韵律制约的动补结构”等一系列的韵律制约句法的研究。

在新兴韵律理论的影响下，汉语韵律语法的研究发生了质的变化。早在 20 世纪 80 年代初期，语言学论坛上就涌现出一批年轻的韵律语法研究者，如陆丙甫、吴为善、张国宪、端木三、冯胜利等。1990 年，端木三与陆丙甫提出“辅重论”[④]，打响了当代韵律语法研究的第一枪。1997 年冯胜利到四川大学讲授韵律构词学（词汇化）和韵律句法学（核心重音）[⑤]，不久就有了董秀芳的《述补带宾句式中的韵律制约》(《语言研究》1998 年第 1 期）[⑥]。此后，韵律语法方面的研究论文便如雨后春笋般涌现。经过近 20 年来的蓬勃发展，韵律语法研究在中国已蔚为大观。最为突出的就是杨树达所批评的马建忠没有理论的情况已大为改观：当代汉语韵律语法有了自己的理论。最初是端木三的“辅重论”(1990、2000）和冯胜利的“核心重音说”(1991、1995)，后来则有《汉语非线性音系学》(王洪君，1999、2008)、《汉语韵律句法学》(冯

---

① S. Feng. Prosodic structure and word order change in Chinese. *The Penn Review of Linguistics* 15 (1991): 15-21. & S. Feng. *Prosodic Structure and Prosodically Constrained Syntax in Chinese*. PhD dissertation, UPENN, 1995.

② M. L. Zubizarreta. *Prosody, Focus, and Word Order*. Cambridge, MA: The MIT Press, 1998.

③《动补带宾句式中的韵律制约》，载于《语言研究》1998 年第 1 期。

④ 其论文 2002 年发表于 *Journal of the Chinese Language Teachers Association* 37.2: 123-136，名为“Rhythm and syntax in Chinese: a case study”。

⑤ 讲稿后来修改为《汉语的韵律、词法与句法》出版，北京大学出版社，1997/2005/2009。

⑥ 她后来从功能角度研究“词汇化”，成绩显著，但是给韵律导致的双音化的研究留出了很大的空间，有待开发。

胜利，2000）、Chinese Phonology（Duanmu，2000）以及 Prosodic Morphology（Feng，1997）[①] 等不同学说和理论的纷纷出炉。在中国，这些都是前所未有的新理论，因此也不容易一下子为人所理解。老实说，韵律语法理论的起步是相当艰难的，不仅当时的研究生，就是一般的学者对其中的"形式句法理论""形式音系理论"也不太熟悉。为培养兴趣、奠定基础，韵律语法理论的引进和普及，最初采取的是"近取诸身"的做法。[②] 譬如把"核心重音"说成"不能头重脚轻""切忌尾大不掉"〔而不是"管约（government and binding）为基础的核心重音的指派"〕。即使涉及管约的定义，也为便于理解而从简解说（informally speaking），把"公式化的形式限定"说成大家能理解的"动词后不能有两个（可携带重音的）成分"，诸如此类，不胜枚举。结果呢？虽便于初学和理解，但也带来了始料未及的误解和分歧。有人不理解其中的运作，说："汉语的名词可以做谓语，可见动词指派重音的理论有问题。"有人怀疑说："句子的焦点重音是任意的，如何影响句法？"有人歧解道："汉语的句子可以不用动词，可见动词指派重音的操作是错的。"有人质疑道："1+2 的'铁公鸡'可以说，凭什么说 1+2 不合法？"还有人直接反对说："汉语没有重音，也没有音步，因此用重音、音步建立起来的韵律理论靠不住！"疑惑之极，竟有人质问："韵律的作用到底有多大？"显然，有些问题

---

① S. Feng. Prosodic structure and compound words in classical Chinese. In: Jerry Packard (ed.), *New Approaches to Chinese Word Formation: Morphology, Phonology and the Lexicon in Modern and Ancient Chinese*. Berlin: Mouton de Gruyter, 1997. 197-260.

② 王国维在讨论中国历史上引进西方新思想的实例时认为"西洋之思想之不能骤输入我中国，亦自然之势也"（《论近年之学术界》）。陈寅恪提倡"取珠而还椟"的方法（《吴宓与陈寅恪》）。其意至深，足资为鉴。

已经超出学科的范围，因为我们一般不问“化学的作用有多大”。当然，我们都知道：如果“汉语没有音步”的话，怎么可能“55/55/555”“柴米/油盐/酱醋茶”的节律停顿都一样？假如“汉语没有重音（或凸显）”的话，那么人类语言节律中的“相对凸显律”将由何表现？我们更知道，新领域开辟、新学科建立之初，出现不同的意见和争议是很正常的。章太炎先生曾慨叹孙诒让的学术之所以未宏于世，是因为没人反对[①]；而对生成语法的质疑之声至今不绝于耳，却反促其发展，则更是范例。即如1+2的“铁公鸡”，虽非反例，但它给韵律语法提出了挑战。挑战促使我们发掘、发现更深的规律、更多的解释。1+2 [名词 + 名词] 为韵律理论所不容，然而就在解决这些反例的过程中我们发现了两条新的规律：一是“材料”（铁公鸡、木地板、棉手套；？钢铁公鸡、木头地板、？棉花手套）可用1+2；二是“所有格”（班主任、校领导；班级主任、学校领导）可用1+2。为什么呢？原因很可能是“材料、所有格”实际上是形容词性而不是名词性成分的缘故（参 Feng, 2001; Duanmu, 2012）[②]。这类现象，前人没有解释，甚至很难想到。因此，本着真理出于争辩的理念以及促进新兴学科发展的愿望和责任，我们编写了这套丛书。可以说，这套丛书是这个学科不断发展和成熟的标志，是东西方学术研究交汇和碰撞的结果，当然也是这个学科有待整合、总结以便深入发展的

① “自孙诒让以后，经典大衰。像他这样大有成就的古文学家，因为没有卓异的今文学家和他对抗，竟因此经典一落千丈，这是可叹的。我们更可知学术的进步是靠着争辩，双方反对愈激烈，收效方愈增大。”《国学概论》，中华书局，2003年，第33页。

② S. Feng. The multidimensional properties of wordhood in Chinese. *Contemporary Linguistics* 3 (2001): 161-174. & S. Duanmu. Word-length preferences in Chinese: a corpus study. *Journal of East Asian Linguistics* 21.1 (2012): 89-114.

需要。

这套“汉语韵律语法丛书”的作者都是韵律语法领域中的前沿工作者。他们有的是该学科的资深学者，有的是该领域里的年轻新秀，但他们有一个共同点，就是对此新兴学科的热爱与执着，他们都在这一领域富有自己的心得和体会。

美国学者 Simpson 在 2014 年出版的《汉语语言学手册》(*The Handbook of Chinese Linguistics*)里面说：

> 将来的韵律与语法的相互作用的研究，无论是跨方言的共时研究，还是历时的研究（这是具有可能性的），都是未来汉语语言学研究中的一个丰富而内容充实的领域，是一个汉语可以为“有关人类语言的普通语言学理论”做出重要贡献的领域。①

这是对我们以往韵律语法研究的总结，更是我们将来努力的方向。是为序。

冯胜利（执笔）
2015 年 6 月

---

① Andrew Simpson. Prosody and syntax. In: C.-T. James Huang, Y.-H. Audrey Li, and Andrew Simpson (eds.), *The Handbook of Chinese Linguistics*. Oxford: Blackwell, 2014. 465-491.

目　录

1

第一章

什么是弹性词

什么是弹性词呢？顾名思义，弹性词就是有弹性的词，是从词长角度对词所做的一种定义。那么具有怎样弹性的词是弹性词呢？先看下面例（1）所示。

（1）

双音节	单音节	弹性用法
学习	学	学汉语 / 学习汉语　汉语学习 /* 汉语学
种植	种	种绿化树 / 种植绿化树　种树 /* 种植树
煤炭	煤	煤炭店 / 煤店　煤炭商店 /* 煤商店
工人	工	修车工人 / 修车工　车辆修理工 /* 车辆修理工人
商店	店	隔壁的小商店 / 隔壁的小店　煤店 / * 煤商店
印度	印	美国、印度等国 / 美、印等国 /* 美国、印等国
老虎	虎	赏老虎之威，观老虎之美 / 赏虎之威，观虎之美　虎骨 /* 老虎骨

例（1）中，双音节列的词（比如“学习”）与单音节列的词（比如“学”），意义基本相同，在某些条件下还可以互换，基本意义不会发生变化。这就好像一个词有了弹性，可长可短。这便是本书所说的弹性词。从上面的例子我们可以看出，弹性词的所谓“弹性”实际上与词的音节数相关。当然，这里的单音节形式和双音节形式究竟是一个词的两种表现形式还是两个词，目前仍

在讨论（黄丽君、端木三，2013）。

需要说明，弹性词不是在词类体系中多增加了一个词类，即并不是在我们熟悉的名词、动词、形容词等之外增加一个弹性词类，而是从另一个角度重新审视词的用法。名词、动词、形容词等是基于词能做什么成分、能与哪些词搭配、有什么样的形态变化等分布属性对词进行分类的结果；弹性词仅是说明汉语中一些单双音节同义形式在某些情况下可以互换使用，但在另一些条件下不可以互换的现象（比如上面的例子中单音节短形式与双音节长形式在某些情况下可以互换，但并不是任何情况下都可以互换，“学汉语 / 学习汉语”中的“学”和“学习”可互换，“汉语的学习 /* 汉语的学”中的“学”和“学习”不可互换[①]）。

要强调一点，词的弹性作用也不只表现为单音节和双音节两种变换形式，比如“加拿大”和“加”是三音节和单音节的弹性变换，“加利福尼亚”和“加”是五音节与单音节的弹性变换。当然，尽管有这种多对单的弹性变换形式，但毫无疑问，双对单的弹性变换式是汉语中最常见的弹性表现形式。为严谨起见，下文中，我们统一称弹性变换的双方为“长形式”和“短形式”——当然，短形式事实上就是单音节形式。

事实上，现代汉语中，意义基本不变但音节数有长短差异的词对不是只有例（1）中所列的情况，还有比如“北京大学—北

---

① 根据王丽娟的研究（见本丛书中《汉语的韵律形态》），“汉语的学习”中“的”字后面的动词是“动名词”，汉语的动名词必须是双音节，因此单音节的“学”不能满足这里“动词必须转变词性才能被‘的’修饰”的句法规则。换言之，单音节动词与双音节动词存在词性转变能力上的差别。

大、上海—沪、波棱盖儿—膝”等现象。这些现象与本书所关注的“学—学习、种—种植”等有区别——它们或者没有相同的语素，或者涉及更复杂的缩略。这些词对现象反映了多种制约条件的综合作用，值得单独作为研究课题来深入研究，所以不作为本书讨论重点，只在涉及时做必要说明。

从跨语言的角度看，弹性词是非常特殊的现象。我们熟悉的众多语言中，虽然不只汉语存在弹性词现象，比如英语里也有非常相似的长短两种形式的情况，如“John—Johnny（约翰）、lab—laboratory（实验室）、math—mathematics（数学）”，但若论弹性词比例如此之高，在语言系统中如此具有系统性价值的情况，汉语恐怕是极其典型的代表了。汉语为什么会表现出这种独特性，很值得我们思考；汉语的这种独特性中蕴含着哪些语言学意义上的普遍规律，更是值得深入讨论的问题。我们认为，弹性词的存在在根源上是为了满足韵律的需要。在某些条件下，短形式更能满足韵律的要求；而在另一些条件下，长形式更能满足韵律的要求。被不同条件限制的两种音节形式可能共享某些语义或功能属性，但二者并不完全相同（比如“跑”与“奔跑”）；也有可能两种音节的形式、语义或功能属性几乎完全相同（比如“煤”与“煤炭”）。

本书将详细说明弹性词研究演进的来龙去脉，介绍汉语中的各种弹性词现象，并具体论证弹性词产生的机制和原因。

第一节　弹性词概念的演进

汉语弹性词的核心现象是，如果进行特别精细或苛刻的区分，汉语中很多意义或功能都有长、短两种语音表达形式。对弹性词这一本质特点的认识，随着弹性词概念的不断演进而变得愈发清晰。

最早注意到汉语词汇的这种弹性用法的是 Karlgren（1918），该文认为汉语中这种单双音节并存的情况是出于语义需要。接下来，郭绍虞（1938）列举了大量的例句来讨论语词的“弹性作用”，比如例（2）。

（2）a. 曷为久游客，忧念坐自殷。(《还至梁城作》)

b. 智如泉源，行可以为表仪者，人师也。(《韩诗外传》)

c. 墙有茨，不可扫也。(《诗经》)

例（2a）中句尾的“殷”源出《诗经》“忧心殷殷”之语，单音节“殷”由双音节重言词“殷殷”缩减而来，用单音节形式“殷”来代表双音节形式“殷殷”。双音节形式“殷殷”与单音节形式“殷”在此处意义基本相同，成为一个意义的不同长短的两种表达形式，这被郭绍虞（1938）称为语词弹性的第一种表现。例（2b）中“表仪”本是将“仪表”颠倒而来，这种现象也被郭绍虞（1938）称为语词的弹性作用。例（2c）中单音节“茨”字乃是双音节词“蒺藜”缩合而成，这同样是郭绍虞（1938）所说的语词弹性作用。不过，目前语言学界所讨论的弹性词现象不包括此处例（2b）、例（2c）所示的现象。

从郭绍虞（1938）的示例及具体分析中可以看出，该文所说的语词弹性作用的实质是组词行文中语词的变形现象，“以为修辞的需要，求音节之协调，有时可以化单为复，同时又可化复为单”（郭绍虞，1938）。概括来说，郭绍虞（1938）一共列举了语词弹性作用的四种表现，分别是“语词伸缩例、语词分合例、语词变化例、语词颠倒例”。这几种类型的具体内容，即通过对语词的长短、顺序、形式等进行改变以满足行文要求的现象，将在下一节中做专门说明。所以，毫无疑问，郭绍虞（1938）所说的语词的弹性作用所指范围较宽，并不限于单音节短形式与多音节长形式之间的变换。这里的“弹性”更多指可以变化，而不仅仅指伸缩，其内涵与今天学界所约定俗成的“弹性词”概念，所指有较明显的不同。另外，要特别注意，郭文将这类现象的全名定为“中国语词之弹性作用”，而并未称之为“弹性词”。“弹性词”这一概念是学界后来约定俗成的结果。事实上，我们认为“语词的弹性作用”较之“弹性词”的表述更符合汉语事实。不过既然已经约定俗成，我们不再过多纠结于此，也从众使用“弹性词”这一概念。

之后，潘文国（1997）关于“弹性词”的看法，可以说与郭绍虞（1938）一脉相承，他从汉英语言对比的角度提出了汉语语法的柔性说。

潘文国（1997：137）指出，所谓柔性（flexibility）就是弹性（elasticity）。一个东西，有它可以，没它也可以，这是一种弹性；一样东西，长一点可以，短一点也可以，可伸可缩，这又是一种弹性。柔性的反面就是刚性（rigidity），刚性就是缺少变通，该有的不能少，该长的短不了。潘文国（1997）指出汉语词的柔性主要体现在以下几点：

a. 几乎所有汉语的词都有可能形成单双音节的等义词；

b. 缩略是现代汉语最具有生命力的造词方法；

c. 与缩略相反的是，汉语的词又常常可以扩展。

潘文国（1997）对以上各项有深入的解释。先看 a 项，比如“英语、汉语”都是双音节，但“英汉词典”中的单音节“英、汉”都是它们的等义词；同样，“词典”是双音节词，但“语言大典”（不同于“开国大典”，其中的“典”指“典礼”）中的单音节“典”是其等义词；“来电”中的“电”是单音节词，“电话”是其等义词（也可能是“电报”，视具体上下文确定）；“师生、尊师爱生”中的单音节“师、生”与双音节的“老师、学生”也都是等义词；“广电部、影视专业”中的单音节形式“广、电、影、视”分别都有对应的双音节等义形式“广播、电影电视、电影、电视”等等。概括来说，汉语中的词存在不同音节数的等义词的特点使人们在使用它们时有了选择和调节的自由，这是汉语的弹性，是汉语柔性的表现之一。再看 b 项，缩略的现象在现代汉语中极其普遍，比如“北大、维权、上视”等分别是“北京大学、维护权益、上海电视台”等的缩略形式。最后是 c 项，比如古代汉语中单音的“邦、家、国”可说成“邦家、邦国、家邦”等，“衣”可以组成“衣裳、裳衣、衣服”等，“归”可以组成“归处、来归、归息、归适、行归”等；而且还有单音节加“有、其、彼、思、斯”扩展为双音节的。

相比于郭绍虞（1938），潘文国（1997）对弹性词的看法更统一，分析更深入。潘文国所说的弹性词更专注于汉语词汇中那些语义相同或相近的长形式和短形式，已经排除了除长短形式变化之外的其他变化类型。

较近的 Duanmu（2013）提供了对弹性词的最新定义，该文的定义基本反映了学界约定俗成的弹性词所指，很明确地界定了弹性词问题的研究对象。

Duanmu（2013）认为，所谓弹性词（elastic word length），是指汉语中的许多词可以长（两个音节）也可以短（一个音节），两个音节和一个音节的词意义相同。每组对应的单双音节形式在某些情况下是可以互换的，比如“煤炭店 / 煤店”和“技术工人 / 技术工”两组，“煤炭”和“煤”、“工人”和“工”可以互换，结果都正确。当然，并不是长短形式的所有用法都可以互换，比如同是“煤炭”和“煤”、“工人”和“工”，在“X 矿、X 会”中就不可以互换——只有“煤矿、工会”正确，“* 煤炭矿、* 工人会”都不合法。

随后，黄丽君、端木三（2013）将弹性词作为一个独立的现象进行研究，弹性对长短形式间的关系得到更进一步的明确，详见下面的引文及后文对 a、b、c、d 各项的解释。

a. 两词有相同语素（同源，同音，同词类）；

b. 基本语义相同或相近，如：所指相同，词典互注；

c. 长词的多余部分不提供明确语义（语义结构是 XX，0X，X0）；

d. 两词在某些场合可以同义互换[1]。

具体来说，a 项排除了没有相同语素的词对，如英语的“happy”和“glad”（皆指“高兴”）、汉语的“快”和“迅速”等。b 项排除了同音但不同义的词对，如“仿”（模仿）和“仿”（仿佛），其中的“词典互注”是指短词往往用长词来标注，如《现代汉语词典》里“煤”标注为“也叫煤炭”，“需”标注为“需要”。很明显，词典互注从客观上反映了长短词的同义性。c 项说明了长词不同于真正的复合词。真正的复合词，其整体语义关系是 XY，即组成复合词的成分意义并不相同，复合词语义是两个成分的意义之和，如“书包、镜框”等。但长词的语义结构，要么是重复性的（即 XX），如“技术、煤炭、学习、需要”等，要么上字无实际意义（即 0X），如“老虎”，要么下字无实际意义（即 X0），如“鸭子”，完全不是 XY 复合词与其语素 X 或 Y 的关系。值得注意的是，有的语义结构看上去是 XY，实际上是 X0。比如，“法国”看上去是 XY，因为“法”和“国”分别有实际意义，但在“日本、加拿大、巴西、法国”里，“国”的语义实际上是多余的，它的出现完全是出于节奏的考虑，所以“法国”的语义结构应该是 X0。[2]d 项要求长短两词在某些场合可以同义互

① 黄丽君、端木三（2013）及以后的研究中并未明确说明两词在什么场合可以互换，从研究来看，两位学者是将“无论什么情况，只要可以互换”作为定义弹性词的一个必要条件。

② 我们并不完全同意这一点，具体分析较复杂，我们不在本书中展开，有兴趣的读者请参看即将出版的《汉语韵律语法纲要》（冯胜利、施春宏主编，北京语言大学出版社）中“韵律模板”一章中的相关内容。

换，比如，“养鸭子”和“养鸭”基本同义（从而得到长短词“鸭子—鸭”），“技术工”和“技工”基本同义（从而得到长短词“技术—技”）。值得注意的是，定义弹性词并不要求长短词在任何场合都可互换，比如，“技术”和“技”在“工人”前不能互换（不说“技工人”），“树”和“树木”在“公园里有很多X”中可以互换，在“成林”前却不能互换（不说“树成林”）。这是因为词长跟节奏有关，词长搭配要受节奏的影响。

除了以上对弹性词的界定外，端木三教授及其合作者根据词典收词的情况对弹性词的静态面貌进行了大量的量化研究[①]（参见 Duanmu，2013；黄丽君、端木三，2013；Duanmu and Dong，2015、2016；端木三，2015），这些研究极大地推进了我们对弹性词现象的认识。

---

① 有些弹性词现象在使用中逐渐凝固，于是词对中的长形式和短形式都可以在词典中得以体现，比如“学习”和“学”都被大部分词典收录。另外，也有一些弹性词对并未完全凝固，所以并未收入词典（为与端木先生的研究做对比，我们也主要考察了《现代汉语词典》）。以我们非常熟悉的几个双音节词“汉语、动词、问题”等为例，它们在具体的语境中都可以有对应的短形式“汉（日汉词典）、动（名动区别）、问（第三问）”，这种长短形式的对应在词典中是没有体现的，可以说这种弹性对应是在具体的动态使用中产生的，与收入词典的弹性词对很不相同。这里所说的“弹性词的静态面貌”是指对词典中弹性词对进行研究所得到的结果。特别说明，《现代汉语词典》中收录了短形式“汉、动、问”为独立词条，也收录了长形式“汉语、动词、问题”为独立词条，但不能据此认为《现代汉语词典》中体现了“汉”等短形式和“汉语”等长形式间的对应，因为《现代汉语词典》中还收录了“汉堡包、汉剧、汉民、汉人、汉文、汉姓、汉学、汉字”等词，而“汉”与这些长形式并无弹性词对应关系，所以，“《现代汉语词典》收录了就体现了长短形式的对应关系”的观点是无法令人信服的。

端木三教授及其合作者关于弹性词的研究基本代表了目前对汉语弹性词静态现象的最新探索，也代表了对汉语弹性词概念的最新理解，这成为我们进一步研究和分析的重要起点。

第二节　《中国语词之弹性作用》简介

上一节介绍的弹性词概念的演进过程中，在郭绍虞（1938）《中国语词之弹性作用》中，“语词弹性”还是个非常宽泛的概念，汉语各种语词长短、顺序、形式等的变化都被包括在内；潘文国（1997）则明确了“弹性”只与音节长短相关，并且也提出了弹性词可互换的特性；Duanmu（2013）则基本确定了弹性词是可互换的同义长短形式的观点。本书对弹性词的界定在很大程度上受到了这三种研究范式及研究成果的启发。

三者中，郭绍虞（1938）主要讨论的是古代汉语中的“语词之弹性作用”，其中的“弹性”概念虽与今天弹性词的概念存在明显差异，但该文对“弹性”现象的大量挖掘，深刻影响了后来的研究，所以《中国语词之弹性作用》一文在弹性词的研究中意义重大。但该文不易获得，为保证研究的系统性，我们将其中与本书研究相关的内容在此做一简要介绍。

郭绍虞先生在《中国语词之弹性作用》一文中首先提到汉语中弹性现象存在的原因。“中国的语言文字，究竟属于单音呢？还是属于复音呢？……以前之治语言文字学者以‘字’为本位，所以多觉其为单音；现在之治语言文字学者以‘词’为本位，所以又见其为复音。还有，从口头语讲，由于同音词语之增多，语言本身不得不增加连缀的词汇，所以有趋于复音的倾向，不能承认为单音的语言。但从书面语讲，目治的文辞不怕同音语词的混淆，为了要求文辞之简练，有时并不需要复音的词汇，依旧停留在单音阶段。这在文言文中尤其是如此。由于这二种关系，所以词本位的口头语虽有趋于复音的倾向，而在字本位的书面语中，依旧保存着较多的单音语词，这就引起了语词本身的不固定性，这不固定性即是我们所说的弹性作用。”

郭绍虞先生认为汉语中存在语词“为修辞的需要，求音节之协调，有时可以化单为复，同时又可以化复为单”的不固定性现象，并认为文人“利用文字之单音，使成为文辞上单音步的音节，利用语词之复音，遂又成为文辞上二音步的音节。单复相合，短长相配，于是整齐中含铿锵，参差中合自然，而文章掷地真可作金石声了”。

从这些论述中可以看到，郭先生认为弹性现象存在的原因是修辞需要，是为了满足行文中的韵律美。按今天的语言研究惯例，这种修辞作用、韵律美感都属于语言的使用范畴，不属于语言合法与否的问题。虽然这一看法与现代韵律语法研究成果相去甚远，但郭先生于当时的学术框架下，有此发现实已是功不可没。

一、郭绍虞（1938）所列的语词弹性作用例

郭先生文中共列举了四种语词弹性作用例：语词伸缩例、语词分合例、语词变化例、语词颠倒例。这些现象和分析对今天的语词弹性作用现象研究仍有重要的借鉴意义，下面我们将对各类

型弹性作用现象进行简单介绍。

（一）语词伸缩例

语词伸缩共有两种类型：重言伸缩和连语伸缩。

重言有两种情况：一种是状物摹声的“关关、洋洋、茫茫”之类，此类单音不足以摹状其意义，所以必须用双音形式，只有二音合一才有意义；另一种是单用和复用意义并无区别，只是复用传情或意义较重，如“高高、低低、小小”之类。前一种不宜单用，后一种则不必复用，然而前人行文选辞却偏要破除这个限制，而这多是出于作家的修辞技巧。前一种如颜延之《秋胡诗》“燕居未及好，良人顾有违”中“燕”便是重言“燕燕”（见《毛诗》“或燕燕居息”）缩化为单音节而用的情况；后一种如元剧《红梨花》有“怕人来更犬惊，花阴里蹑足行行，柳影中潜身等等”句，其中“行行、等等”都是叠用单字以传达神情的用例。

连语伸缩即古人所说的“徐言为二，疾言为一”，这一类也有两种不同情况。一种是单、双音节形式用字完全不同，例如《诗经 · 小雅》“渐渐之石，维其卒矣”，此处“卒”字即为疾言，徐言当为“崔嵬”；又如《楚辞 · 九辩》“君不知兮可奈何”与《左传》“牛则有皮，犀兕尚多，弃甲则那”中，“奈何”与“那”同义，前句是徐言，所以用了双音节“奈何”，后句是疾言，所以用了单音节“那”。另一种更接近于今天所说的弹性作用，如《楚辞·九章》“壹心而不豫兮”句中单用了“犹豫”的“豫”字。

（二）语词分合例

郭绍虞（1938）中的语词分合例实际上也包括两类：一类主

要是古语中通常所说的发语词或收声词，另一类则类似于现代汉语研究中的复合词。

发语词比如《诗经·周颂》“思文后稷”中的“思”；再如《西厢记》“老僧准备下斋，先生是必便来”中“是必”的“是”并无实义，也只是为了凑足音节；此外，《诗经·小雅》“爰居爰处，爰笑爰语”中“爰”的加入，化单音节的“居、处、笑、语”为复音词，使原本的四字成为整齐的两句。至于收语词，比如《西厢记》“小姐是一女子，尚然有报父母之心”中“然”同样没有实义，也只是增字成双而已。

郭绍虞（1938）将类似现代汉语复合词的“草木、花卉、天地、爱憎”和“雪花、房主、桌子、年头”等，分别称为并行连语和相属连语。《大戴礼记》“苟是之不为，则虽汝亲，庸孰能亲汝乎”中“庸”与“孰”同义，属于意义相同或相近成分的并行连语；另有《礼记·玉藻》“大夫不得造车马”例，此处“车马”也属并行连语，其中“马”于表义并无贡献。

以上皆为语词合用例。语词分用例如《诗经·小雅》“何草不黄、何草不玄”，其中“黄”和“玄”是“玄黄”分用。另外也有较多借助助词实现语词分用的情况，比如《诗经·郑风》中的“挑兮达兮”即是“挑达”分用，《毛传》中有“挑达，往来相见貌”解释，可为其证。

（三）语词变化例

语词有伸缩分合的便利，于是自相组合，可产生出更多变化。延长连语，就成为复合的重言。比如《诗经·召南》“委蛇委蛇，退食自公”便是连用“委蛇”而成，而《诗经·墉风》的

“委委佗佗，如山如河”则是把连语“委佗（蛇）”改为复合的重言了。

也有复合的重言缩减为连语的情况，如颜延年《还至梁城作》“眇默轨路长，憔悴征戍勤”中的“眇默”即由《楚辞·九章》“登石峦以远望兮，路眇眇之默默”中的“眇眇默默”缩减而成。

（四）语词颠倒例

语词颠倒是指颠倒语词中成分顺序的现象。比如《诗经·齐风》中有“东方未明，颠倒衣裳。颠之倒之，自公召之”和“东方未晞，颠倒裳衣。倒之颠之，自公令之”，其中既有“衣裳”，也有“裳衣”，既有“颠倒”，也有“倒颠”。司马相如《上林赋》有“山陵为之震动，川谷为之荡波”，而张衡《西京赋》则有“河渭为之波荡，吴岳为之陁堵”，二者中前者为“荡波”，后者为“波荡”——词语颠倒使用，这也是语词的弹性作用之一。

二、启发与意义

由以上的说明可以看出，郭绍虞（1938）所说的语词的弹性作用与今天所言的弹性词并不完全相同。郭文所说的语词的弹性作用包含了以为文、修辞为目的的多种语词变形、伸缩、颠倒等，只要是对语词原有形式的变形使用，几乎都列入语词的弹性作用之内。而今人所说的弹性作用，仅限于在某些条件下长形式/短形式变形为短形式 / 长形式的现象。

要强调的是，今人对弹性词内在规律的认识与郭文的分析并不在同一范畴内。严格来说，郭文分析和讨论的主要内容乃是语词形式的改换如何作用于文学表达、文章修饰；另外，其所定义的弹性作用事实上包括了各种词语形式变化，而不只专注于音节数量多寡 / 语词长短变换一项，这一点我们在前一节中也有说明。

郭文的讨论对今人的研究有着极大的启发意义，其文中所列的各种弹性现象，几乎都值得单独研究。目前就语言学研究而言，关于单双音节弹性变化的研究已较为深入，讨论的现象众多，这也是本书重点介绍的核心内容。

第三节　弹性词的定性研究

现代汉语中与弹性词问题相关的研究大体可以分为定性研究和定量研究两大类型。定性研究很早便开始了，虽然其中部分研究并未强调“弹性词”这一概念，但这些研究都从语言学角度关注汉语中长形式和短形式的变换问题，都是弹性词研究中不可缺少的部分。

最早讨论单双音节与结构关系的研究是吕叔湘（1963）。

吕叔湘（1963）首先指出了偏正结构 2+1 式多于 1+2 式，而动宾结构 1+2 式多于 2+1 式。如（3）中各例:（3a）是 2+1 式偏正结构，“双音节”修饰“单音节”;（3b）是 1+2 式偏正结构，“单音节”修饰“双音节”。（3a）类型的数量要远远多于（3b）类型。（3c）是 1+2 式述宾结构，（3d）是 2+1 式述宾结构。

（3）a. 煤炭店　　皮鞋厂
　　b. 纸老虎　　大房间
　　c. 印文件　　种大蒜
　　d. 糟蹋钱　　害怕鬼

此外，吕先生还指出，汉语中存在较明显的四音节倾向，具体表现是某些组合里一个成分是双音节，要求另一个成分也是双音节，如某些双音节副词要求搭配双音节动词，比如例（4）所示；再比如大部分双音节动词要求后面的名词宾语至少有两个音节（单音节宾语限于代词），如例（5）所示。

（4）详细调查　　*详细查（详查）

　　互相埋怨　　*互相怨（相怨）

（5）管理图书　　*管理书（管书）

　　开垦荒地　　*开垦地（开地）

吕叔湘（1963）虽未直接提出弹性词的概念，但其关于单双音节可互换例、不可互换例的发掘，正是后来汉语弹性词研究中的重点内容。

这之后，吴为善（1986）指出，四音节段缩减为三音节段时，动宾结构必然将前一个双音节压缩为单音节，其结果为1+2式，反向的选择是不合习惯的，比如例（6）；相反，若是偏正结构，则必然将后一个双音节压缩为单音节，成为2+1式，比如例（7）。

（6）修建马路　　修马路　　*修建路

　　种植大蒜　　种大蒜　　*种植蒜

（7）长毛兔子　　长毛兔　　*毛兔子

　　皮鞋工厂　　皮鞋厂　　*皮工厂

例（8）可以更好地说明吴为善（1986）的观察，四音节组合“复印文件、测量仪器”在缩减为三音节成分时，如果是动宾结构，只能将其中前一个双音节压缩为单音节，构成1+2音节模式；如果是偏正结构，只能将其中后一个双音节压缩为单音节，构成2+1音节模式。

（8）复印文件：印文件（动宾）　　复印件（偏正）
　　测量仪器：测仪器（动宾）　　测量仪（偏正）

这一研究同样使人们注意到，“复印—印、文件—件、测量—测、仪器—仪”都是在某些条件下可以互换的弹性词对。该研究与吕先生的研究在观察角度上存在差别。吕叔湘（1963）主要从单音节和双音节在组合搭配中受哪些限制的角度对现代汉语中的相关现象进行描写，其重点并不是音节模式与结构的语法关系之间的联系；吴为善（1986）已经明确注意到音节模式与结构关系之间存在联系了。

张国宪（1990）也涉及弹性词现象，专注于讨论单双音节动作动词在搭配方面的差异。他指出双音节动词只能与双音节名词组合，不能与单音节名词搭配，且“双音节动词 + 单音节名词”一般不能构成动宾结构，如例（9）。

（9）* 裁剪书
　　裁剪技术

直到 Lu and Duanmu（2002），单双音节的搭配与述宾、偏正等语法关系间的联系，才得到较为全面的总结，他们分别说明了单双音节的名、动词在不同结构中的搭配情况，具体如（10）所示。

（10）a. VO

2+2	1+1	2+1	1+2
阅读—报纸	读—报	* 阅读—报	读—报纸
表演—戏剧	演—戏	* 表演—戏	演—戏剧
种植—树木	种—树	* 种植—树	种—树木

b. MN

2+2	1+1	2+1	1+2
手表—工厂	表—厂	手表—厂	* 表—工厂
技术—工人	技—工	技术—工	* 技—工人
煤炭—商店	煤—店	煤炭—店	* 煤—商店

c.

2+2	1+2	2+1
VO / MN	VO	MN
复印—文件	印—文件	复印—件
测量—仪器	测—仪器	测量—仪
筹备—经费	筹—经费	筹备—费
运输—箱子	运—箱子	运输—箱

例（10a）展示了述宾结构与音节组合模式之间的联系：动词 V 与名词 O 都有单音节和双音节两种形式，逻辑上动词与名词有 2+2、1+1、1+2、2+1 四种音节模式组合，但四种组合中 2+1 模式不正确。

例（10b）展示的是偏正结构与音节组合模式之间的联系：名词性修饰成分与名词性中心成分组合，当修饰成分与中心成分都有单音节和双音节两种形式时，逻辑上的音节组合模式同样是四种，但其中 1+2 模式不正确。

例（10c）中的各例事实上是例（10a）和例（10b）问题的另一个侧面——（10a）（10b）关注的是某一种语法结构可以允许哪几种音节组合，（10c）关注的则是某种音节组合可以允许哪几种语法结构关系。比如，2+2 音节模式在（10a）中是述宾结构，在（10b）中是偏正结构，在（10c）中既可以是偏正结构，也可以是述宾结构，其他依此类推。

王洪君（2001）进一步讨论了动名述宾结构、名名定中结构以及形名定中结构中单双音节使用受限的情况，示例如下。

（11）	动名述宾	名名定中	形名定中
	种蒜	煤店	软发 / 细脖
	种大蒜	* 煤商店	软头发 / 细脖颈
	* 种植蒜	煤炭店	* 柔软发 / 细长脖儿
	种植大蒜	煤炭商店	柔软头发 / 细长脖颈

例（11）较之例（10）增加了形名定中结构中单音节短形式与双音节长形式的互换情况。

冯胜利（1996b）更进一步丰富了人们对语法结构与音节模式关系的认识。冯文指出汉语中很难发现由双音节动词加上单音节宾语或补语构成的复合词，详见例（12）；而且，汉语里也没有单音动词加上双音宾语或补语的复合词，详见例（13）。

（12）	提高	* 提拔高
	站稳	* 站立稳
	压碎	* 碾压碎
	改正	* 修改正

（13）放松　　　　＊放宽松

扩大　　　　＊扩广大

缩小　　　　＊缩微小

例（12）说明，具有弹性的单音节动词形式“提、站、压、改”与双音节动词形式“提拔、站立、碾压、修改”在补语为单音节的述补结构的述语位置上时不能自由互换；例（13）说明，具有弹性的单音节形容词形式“松、大、小”与对应的双音节形容词形式“宽松、广大、微小”在述语为单音节的述补结构的补语位置上时不能自由互换。

与此前有关词的弹性用法的发现不同，冯胜利（1996b）将语法结构与音节模式关系的讨论推进到了此前并未涉及的述补结构。冯文指出，很难发现由双音节动词加上单音节宾语或补语构成的复合词，譬如“＊提拔高、＊站立稳、＊碾压碎”等都是不存在的结构。在这一研究的基础上，董秀芳（1998）进一步发现，只有 1+1 式双音节动补结构可以带宾语，1+2 式动补结构不能直接带宾语，如例（14）。

（14）他打碎了玻璃杯　　　　＊他打粉碎了玻璃杯

他熬红了眼　　　　＊他熬通红了眼

他哭哑了嗓子　　　　＊他哭嘶哑了嗓子

其中，1+1 式双音节述补结构“打碎、熬红、哭哑”可以带宾语，1+2 式述补结构“打粉碎、熬通红、哭嘶哑”不可以直接带宾语。董秀芳（1998）的发现说明，单音节短形式“碎、红、哑”与双音节长形式“粉碎、通红、嘶哑”在“述＋补＋宾”结构中不能互换。

此后，冯胜利（2004）又进一步将弹性长短形式的互换现象拓展到了汉语复合词领域。冯文讨论了在 [名词 $_1$+ 动词 + 名词 $_2$/ 动词 + 名词 $_1$+ 名词 $_2$] 复合词中，动词、名词 $_1$ 两个成分的单音节短形式和双音节长形式的出现环境，如例（15）。

（15）军马饲养方法	纸张粉碎机
军马饲养法	碎纸机
养马法	* 碎纸张机
* 养军马法	* 纸张碎机
* 饲养军马法	* 粉碎纸机
* 饲养马法	* 粉碎纸张机
* 饲养马方法	* 粉碎纸张机器
* 军马养法	* 纸粉碎机
* 马养法	* 纸碎机

由（15）可以看出，当复合词结构为[名词 $_1$+动词+名词 $_2$]时，“名词 $_1$”与“动词”都只能是弹性对中的长形式；当复合词结构为 [动词 + 名词 $_1$+ 名词 $_2$] 时，“动词”与“名词 $_1$”都只能是弹性对中的短形式。更多的例子如“修车铺 / 车辆修理铺、拍照技术 / 照片拍摄技术”等等。

王丽娟（2008）对陈昌来（2002）一书中收录的介词进行了穷尽式考察，指出了汉语中某些介词短形式与其对应的长形式在分布上的差异，详见例（16）。

（16）a. 为了大家的健康，我们干杯！

a’. * 为大家的健康，我们干杯！

b. 我们为大家的健康干杯！

b’. * 我们为了大家的健康干杯！

c. 按照顾客的要求，酒店调整了经营方式。

c’. * 按顾客的要求，酒店调整了经营方式。

d. 酒店按顾客的要求调整了经营方式。

d’. 酒店按照顾客的要求调整了经营方式。

从例（16）可以看出，单双音节对应的介词中，能出现在主语前的通常是双音节长形式，单音节短形式一般只出现在主谓之间。

洪爽（2010）在张谊生（2000：193）的基础上指出，单音节副词可以重叠，重叠后的双音节形式仍然可以用作副词性成分修饰谓词成分，重叠前后基本语义保持不变。这类单音节副词及其重叠形式在修饰谓词性成分时完全可以看作一对弹性词，具体如例（17）所示。（17a）是长形式与短形式可较自由地互换的情况；（17b）说明某种音节模式不合法；（17c）说明长形式只能与长形式组合，短形式只能与短形式组合。

（17）a. 自由搭配型

刚来—刚刚来　　刚刚回来—刚回来

b. 部分限制型

足够—足足够　　* 足装满—足足装满

明知—* 明明知　　明知道—明明知道[1]

① 洪爽（2010）原文为“明知道—明知道”，我们觉得可能是漏掉了一个“明”，故写为“明知道—明明知道”。

c. 严格限制型

频传—* 频频传　　频频传来—* 频传来

以上关于弹性词的定性研究，挖掘了大量的现象，丰富了学界对弹性词的认识，为深入分析弹性词现象本质及其产生机制打下了较充分的基础。除以上定性研究之外，始于 Duanmu（2013）的弹性词定量研究更从根本上推动了我们对弹性词问题的认识。

Duanmu（2013）及其后的一系列研究，重点在于厘清汉语弹性词的基本面貌，从而解决一些与弹性现象相关的问题，避免因掌握的语料有差异或不全面而带来的无谓争论。详细内容我们将在下节中说明。

第四节　弹性词的量化研究

毫无疑问，无论定性研究还是定量研究，汉语中普遍存在弹性词作为汉语的特点之一，是没有任何争议的，比较熟悉的如“煤—煤炭、麦—小麦、种—种植、学—学习”等。但具体来说，汉语中究竟有多少词存在这种现象，很久以来一直未有明确的讨论。这也在一定程度上造成了一些汉语弹性词现象研究的困境，有些结论是否科学，不得而知。

近几年，学界对弹性词现象研究的一大重点就是对弹性词的量化研究，研究者尝试通过扎实、全面的数据调查来勾勒现代汉语中体现为词汇或语素形式的非临时变形的弹性现象全貌。要说明一点，临时长短变形的弹性词现象并不是这一阶段研究的重点。

总体而言，对弹性词的量化研究始于 Duanmu（2013），其后经历黄丽君、端木三（2013），端木三（2015），Duanmu and Dong（2015、2016）等。我们认为，梳理这一量化研究逐步深入的过程，将有助于加深我们对弹性词的认识。Duanmu（2013）启弹性词量化研究之端，本节所提及数据均来自端木三教授及其合作者的相关研究。

如何确定汉语中的词，目前仍是一个有争议的问题。为了避免这一争议对研究带来的影响，Duanmu（2013）选用了汉字。他从3000个常用汉字中随机抽选出60字，然后列出这60个汉字代表的所有词，最终观察所有列出词的弹性作用现象。比如汉字“安”对应3个词（即“短形式”列所示），这3个词中，仅用于书面语的“安”无对应的长形式（“长形式”列中此词空白①）；再比如“尬”，短形式列空白，意味着其只有长形式。选取其中一部分示例如表1–1：

表1–1　汉语词弹性作用现象的初步观察

汉字	序号	英文意义	短形式	长形式	词类
安	232	peace	安	安全	N
		[W 书] how can	安		
		amp	安	安培	N
俺	2749	[D 方] I/we	俺	俺们	
毙	2534	die violently	毙	毙命，枪毙	V
测	861	measure	测	测量	N, V
朝	593	court; face	朝	朝代；朝着	N, V
		morning, day	朝		N
吵	2040	shout	吵	争吵	V
		[D 方] noisy	吵	吵吵	

① 此处“安”为书面语，其口语形式为“咋”，语体差异非常明显。

续表

汉字	序号	英文意义	短形式	长形式	词类
呈	1563	display	呈	呈现，呈上	V
池	1709	pond	池	池子，水池	N
雌	2382	female	雌	雌性	N
赐	2072	bestow	赐	赐予	V
摧	2166	destroy	摧	摧毁	V
俄	975	[W 书] a while	俄	俄顷	
		Russia	俄	俄罗斯	N
俘	2057	prisoner of war	俘	俘虏，俘获	N, V
尬	2729	embarrassed		尴尬	

选出的 60 个汉字共对应 84 个词条，Duanmu（2013）对这 84 个词条的长形式和短形式的对应情况进行了统计，结果如表 1–2 所示。[①]

表 1–2　词弹性作用初步统计结果

	个数	百分比
仅有长形式	1	1.2%
仅有短形式	17	20.2%
长短形式兼有	66	78.6%
总计	84	100%

如果只统计动词和名词，不考虑方言词、书面语词等，有弹性作用的词的统计结果如表 1–3 所示。

① 这种统计只关注含有相同语素的单音节词和双音节词的不同，不包括“如何 / 咋、安 / 咋”这类语义对应但不包含相同语素的词。如果把这些不包含相同语素的对立（也是单和双的对立）考虑进来，弹性词情况将更为复杂。目前尚不清楚不包含相同语素的弹性词与包含相同语素的弹性词究竟存在哪些差异，我们将在未来的研究中给予重点关注。

表 1–3　名词、动词中有弹性作用词的比例

	总数	弹性作用词	比例
名词	39	36	92%
动词	29	24	83%

也许是意识到 Duanmu（2013）中通过抽取汉字来统计长短形式的方法事实上并未解决如何确定汉语中词的问题，黄丽君、端木三（2013）采取了利用第三方权威词典《现代汉语词典》(第 5 版)(下称《现汉》）的方法来获取基本数据，重新对汉语词长弹性进行了量化考察。

黄丽君、端木三（2013）选取《现汉》中的简单词为统计对象，如“天、地、人、走、跑、跳”等单音节词，“老虎、兔子、书籍、技术、大蒜”等双音节词，也包括“钥匙、玛瑙、尴尬”等双 / 多音节单语素词。《现汉》收录单音节词达 1 万余条，共计 2 万余项词义。黄丽君、端木三（2013）对其中的 1/10 进行了抽样分析。在去掉冗余，按既定程序进行处理后，根据义项进行统计（即某一义项存在长短形式即认为其为弹性词），得到统计结果如表 1–4 所示。

表 1–4　弹性词统计

词长	数量	比例	举例
只单	600	35.5%	铸②
弹性	1032	61.0%	龟①—乌龟
只双	60	3.5%	猞—猞猁
总计	1692	100%	

其中，“只单”表示只单不双，即这一词义项只有单音节形

式，而没有固定的双音节或多音节形式，如：铐②—把犯人铐起来。“弹性”表示这一词义项有长短两式，如：龟①—乌龟，环③—环节，交⑤—结交，贫①—贫穷，绝⑦—绝对，澳①—澳洲，澳②—澳大利亚。“只双”表示只双不单的词条，即该词义项只有双/多音节形式而没有其他用法，如“匍匐、迤逦、徘徊、蹒跚、龌龊、桑葚”。

结果说明，汉语简单词汇里的“只单”比例占35%，高于Duanmu（2013）所估计的10%～20%。“只单”比例跟词类也有关系，统计结果见表1–5。

表1–5 词类及词长弹性统计

	只单	只双	弹性	总数	总数比	只单比
名	195	35	503	733	43%	27%
动	183	5	383	571	34%	32%
形	102	18	131	251	15%	41%
副	32	0	4	36	2%	89%
量	30	0	4	34	2%	88%
代	15	0	1	16	1%	94%
介	15	0	0	15	1%	100%
助	12	0	0	12	1%	100%
拟	4	2	4	10	1%	40%
缀	4	0	0	4	0%	100%
连	2	0	2	4	0%	50%
数	3	0	0	3	0%	100%
疑	3	0	0	3	0%	100%
合计	600	60	1032	1692	100%	35%

结果显示，名、动、形三大词类占总数的92%。其他词类不但数量少，而且多数无弹性，只单不双。副词有弹性的如“仅—

仅仅、偏—偏偏、绝—绝对”等。数量词有弹性的多为外来词简称，如“安—安培、吨—英吨、开—开尔文”等。

此外，黄丽君、端木三（2013）还统计了除书面体、方言、口语、古语词、感叹词、音译词等之外的普通文体的各类词的词长弹性比例，统计结果如表 1–6 所示。

表 1–6　普通文体的词类及词长弹性统计

	只单	只双	弹性	总数	总数比	只单比
名	92	27	358	477	41%	19%
动	111	1	322	434	38%	26%
形	61	3	92	156	14%	39%
副	19	0	3	22	2%	86%
量	23	0	2	25	2%	92%
代	9	0	1	10	1%	90%
介	11	0	0	11	1%	100%
助	2	0	0	2	0%	100%
拟	3	1	4	8	1%	38%
缀	4	0	0	4	0%	100%
连	0	0	2	2	0%	0%
数	2	0	0	2	0%	100%
疑	1	0	0	1	0%	100%
合计	338	32	784	1154	100%	29%

比较表 1–5 和表 1–6 的结果，不难看出，普通文体中名、动、形三大类的只单比例都有所下降。名词下降的幅度最明显，由 27% 下降到 19%，动词由 32% 下降到 26%，形容词类由 41% 下降到 39%。产生这种变化的原因是特殊文体义项的弹性词长比例大大低于平均值，如：书面语体共计 327 词，有弹性的仅占 50%；方言语体共计 59 词，有弹性的仅 17 项。

换句话说，通过对《现汉》简单词词义项做系统考察后，黄丽君、端木三（2013）发现有 60% ~ 70% 的词有弹性长度，其中名词的弹性比例最高，超过 80%。动词的弹性也高于平均比例，但比名词低。

汉语弹性词量化研究的最新成果体现在 Duanmu and Dong（2015、2016）中，与此前的研究相比，这两项研究的数据量更大，研究者穷尽考察了《现汉》中的单纯词，共计 19887 个义项。统计结果如表 1–7 所示：

表 1–7 《现汉》各词类弹性情况统计

词类	数量	只短形式比例	只长形式比例	弹性词比例
名词	9559	52.5%	8.9%	38.6%
动词	5904	56.1%	1.8%	42.1%
形容词	2709	53.3%	9.4%	37.2%
副词	429	72.5%	0.2%	27.3%
量词	411	91.0%	0.5%	8.5%
拟声词	291	18.6%	74.6%	6.9%
情态词	121	96.7%	1.7%	1.7%
代词	116	90.5%	6.9%	2.6%
介词	103	97.1%	0.0%	2.9%
感叹词	79	97.5%	2.5%	0.0%
连词	69	63.8%	0.0%	36.2%
数词	64	96.9%	0.0%	3.1%
词缀	32	100.0%	0.0%	0.0%
总计	19887	55.6%	7.2%	37.2%

Duanmu and Dong（2015）进一步考察了只有短形式的词，发现只有短形式的词其实很少以单音节的形式存在，比如单音节的姓前面一定要有“老、小”，如“老王、小张”等；单音节的

地名后通常要加类名，如“华山、通州”等。

关于弹性词量化研究的详细结论，请参看 Duanmu and Dong（2015、2016）。

概括说来，通过对《现汉》义项的穷尽式考察，弹性词的量化研究对汉语弹性词现象做出了有力的描述，为我们全面、客观地认识弹性词奠定了坚实的基础，也为进一步的深入研究做好了准备。尤其 Duanmu and Dong（2015）对于“只有短形式的词其实很少以单音节形式存在”的观察，非常重要。这一现象事实上提醒研究者注意，除了在词典中被固定下来的长短形式对应外，还存在词典中未体现出来的长短形式对应，如“张—小/老张”等。

第五节　弹性词是什么

我们在前两节中简述了现代汉语中弹性词现象的研究历程，本节主要讨论弹性词的性质，即弹性词到底是什么。对弹性词研究的不同范式的讨论，将直接影响对“弹性词到底是什么”这个问题的回答。

从“弹性词到底是什么”这个问题来看，目前的研究范式大约可以概括为两种：一种是倾向于从上到下的研究，长形式与短形式在这一研究范式中是动态的、临时的对应——虽然这种对应有可能被固化下来，成为可以在词典中查到的近义词甚至同义词，但是否固化并不是这种研究范式关心的问题，其重点关注长形式与短形式的使用机制和条件。比如对于述宾结构“修改文稿/

改稿 / 改文稿 /* 修改稿”，这一研究范式关心的是为什么述语是长形式“修改”时，宾语也只能是长形式“文稿”，至于“文稿”与“稿”的这种长短对应关系是否在词典中被固化下来，并不是它关心的问题。事实上，长形式与短形式能否被固化下来并体现在词典中，有太多词汇化过程中的干扰因素，这些因素不属于弹性词研究应该考虑的内容。

第二种弹性词研究范式是倾向于从下向上的研究，其研究更关注那些已经固化了的长形式和短形式的对应，这种固化甚至会体现在词典的词项中，比如“种植”对应的短形式是“种”，“大蒜”对应的短形式是“蒜”。这种研究范式更多是从词汇现象入手，准确地说，是从词的长形式和短形式在词汇静态层面的对应现象为切入点进行研究。因为词汇静态层面对应的长短形式是动态对应的长短形式凝固化、词汇化的结果，这种动态对应固化为静态对应，过滤掉了很多偶然因素，所以现象更稳定、更客观。毫无疑问，这种研究范式同样可以非常深刻地揭示汉语弹性词的核心规律。

以上研究范式的差别，会影响研究者对“弹性词到底是什么”这一问题的回答。本书倾向于认为弹性词研究更多属于以上第一种研究范式的内容。从动态对应的角度出发，目前弹性词研究中已涉及的现象大约可以概括、归纳为两类，共 13 种，如例（18）所示。其中 a 至 h 各例，无论长形式还是短形式，其词汇化程度都比较高，这是第一类。i 至 m 各例，短形式 / 长形式与变形后得到的长形式 / 短形式，有很明显的临时性，甚至其中有些离开了特定的使用环境会呈现出不合法（如“足足”）、不常用

（如“亲逢”）、无对应意义（如“大”），或者根本不是词汇而是短语的组合（如“本书”）等特点，这是第二类。Duanmu and Dong（2015）提到的“（小）张、华（山）”等通常并不以短形式出现的短形式与其长形式之间的关系都属于第二类。

（18）a. 互相埋怨　　*互相怨　　埋怨别人　　怨别人

b. 管理图书　　*管理书　　管图书　　管书

c. 皮鞋工厂　　皮鞋厂　　*鞋工厂　　鞋厂

d. 复印文件　　印文件（述宾）　　复印件（偏正）

e. 拔高　　*提拔高

f. 关严了窗户　　*关严实了窗户

g. 军马饲养方法　　养马法　　*养军马法　　*军马养法　　*马养法

h. 为了大家的健康，我们干杯
*为大家的健康，我们干杯

i. 足足 / 满满装了三大车　　*足 / 满装了三大车

j. 亲逢盛事，非常荣幸　　*逢盛事，非常荣幸
逢此盛事，非常荣幸

k. 本书关于中国历史的讨论，……
*书关于中国历史的讨论，……

l. 中哈两国签署合作协议
*中哈萨克斯坦两国签署合作协议

m. 北京大学 / 北大　　*北京大 / 北大学

仔细观察以上所列的这些现象，可以发现，弹性词的一对长短形式分别有各自的合法存在条件。有些环境出现长形式是正确的，出现短形式则是错误的；有些环境出现短形式是正确的，不能出现长形式；还有些环境既可以出现长形式，也可以出现短形式，二者都正确。从这一角度看，可以说各种弹性词现象的核心问题是长形式、短形式的出现条件。我们可以通过分析弹性词长形式和短形式出现的限制条件，进而找到制约汉语词存在弹性的深层原因。

毫无疑问，这里所说的弹性词是一种语言学现象，不是修辞现象。即弹性词长形式和短形式的使用，不是行文的巧拙、工丑的问题。郭绍虞（1938）之后较少人将弹性现象处理为修辞问题，这是语言学研究的进步。我们要明确，长形式与短形式的使用，不是为了使行文更美，而是韵律要求使然，有必然如此的作用规律。换句话说，我们讨论的是弹性词长短形式在组合结构中合法还是不合法的问题，而不是语言使用好坏的问题。合法不合法的问题是韵律规则作用的结果，是语言研究需要解决的问题。

另一个与弹性词的性质有关的问题是：弹性词是一个词还是两个词（郭绍虞，1938；Chao and Yang，1947；潘文国，1997；李临定，1990；张国宪，1990；Liu，1992；王洪君，2001；王灿龙，2002；吴为善，2006；柯航，2007；邱金萍，2013；等等）。我们认为这一问题的提出与弹性词的研究范式有关，本书所采用的第一种弹性词研究范式，对这一问题的答案并不敏感。因为，第一，在从上到下的弹性词研究范式中，弹性词现象不只包括“种—种植、学—学习、虎—老虎”等能形成较稳定联想的、词汇化程度较高的这一类，还包括临时形成的、稳定度较低的“逢—亲逢、书—本书”这一类。由于“亲逢、本书”这一类是临时形成的且不稳定，所以很难说服其他研究者相信短形式和临时形成的与之对应的长形式是一个词。第二，弹性词是长短形式换用的现象，在某些环境下要求使用短形式，可记为“……$X_{短}$……”；在另一些情况下又必须使用长形式，可记为“……$X_{长}$……”。于是当固有形式中存在满足“$X_{短}$/$X_{长}$”要求的形式时，便直接由其填入，比如需要$X_{短}$时填入“学”，需要$X_{长}$时，则填入“学习”；当固有形式中不存在满足“$X_{短}$/$X_{长}$”要求的形式时，便由词汇形式临时变形填入，比如需要$X_{短}$则填入“逢”，需要$X_{长}$则填入“亲逢”。所以长形式和短形式是一个词还是两个词，并不影响对这一现象的分析和判断，这意味着长短形式是一个词还是两个词并不是这一研究范式下弹性词研究的核心问题。总而言之，本书将弹性词看作从上到下作用的一种现象，长形式和短形式是一个词还是两个词，不影响我们对弹性词现象的讨论。

当然，在弹性词的研究历史上，长形式与短形式究竟是一个词还是两个词的判断确实对后续的研究产生了影响，认为是语义因素制约弹性现象的研究，基本都以弹性词是两个词为讨论出发点。我们并不赞同这种观点，本书将从长短形式可互换和不可互换的现象本身入手，重点分析弹性词现象的产生动因和运作机制。这里我们还要进一步强调，弹性词也许不是一个很好的概念，因为这个概念容易让人产生错觉，误导人们认为弹性词就是“可长可短”的词，而“可长可短”的词意味着我们必须讨论长的形式与短的形式是否为同一个词——如同“可离可合”的离合词究竟如何理解，至今仍是词汇研究中无法回避的问题——这将在一定程度上影响我们专注于弹性现象本身。不过，因为这一概念已约定俗成，本书并不打算另创一个术语。至于决定长短形式分布的根本原因，我们将在后文中深入讨论。

概括来说，我们对弹性词的认识如下：

首先，弹性是指某一意义或功能可以有长短不同的语音形式的现象，长形式和短形式是弹性的两种不同形式，这两种弹性形式互换构成的组合并不一定都合法，有些组合中二者可以互换，有些组合中二者不能互换——这说明弹性形式并不是自由出现的，这也是本书介绍的重要内容：弹性形式出现的限制究竟是什么；什么时候可以出现弹性形式对中的一种，什么时候可以出现另一种，什么时候两种都可以出现。

其次，弹性词事实上并不是一种词类范畴，而是一种句法现象。“弹性词”并不是对词的类属的分析和命名，其核心是词语形式的弹性变化，是对汉语中很多词可以有弹性表达这一特点的反映，比如“种 / 种植、看 / 审看、阿 / 阿塞拜疆 / 阿根廷”等都是可以变换的长短形式。当然，换一个角度看，将是否存在可以变换的长短形式看作一种分类的标准，将有这种弹性特征的形式归为一类，将不存在这种弹性特征的形式归为另一类，理论上说也不是不可以。比如将短形式“种”和与其存在互换关系的长形式“种植”归为一类，而将只存在长形式、不存在可互换短形式的“滥觞、认真、高兴、快乐、开心”等归为另一类。这种分类可以依据是否有弹性用法将所有的词分为两类，虽然本书并未从这个角度展开，但事实上，研究这样的两类词，对深入分析弹性现象的本质、形成机制等同样有重要意义。

再次，严格来说，与弹性词相关的是两类词。一类是存在弹性关系的长短两种形式都是词汇或者语素，即两种形式都已经固化为词汇中的一个单位；另一类是存在弹性关系的长形式和短形式是一种临时变形，即变形后形式并未固化为一个词汇单位，通常，离开了特定的语言使用后，这种长短形式的对应关系并不存在，变形得到的长形式或短形式并不会被收入词典。

最后，汉语中的弹性词现象是有系统价值的现象。虽然这种长短形式变换的现象在其他语言中也存在——比如前文中提到的英语中的“John—Johnny、lab—laboratory”等，甚至在有些语言中也较多出现，但弹性词现象对于汉语的重要之处在于：这种现象在汉语中非常常见，只能是汉语自身规律作用的必然结果，而不是某种偶然因素造成的偶然现象。

目前，弹性词研究还没有形成成熟的体系。此前学界对弹性词现象的讨论大多散见于对其他问题的讨论中，并没有形成以弹性词现象为核心的研究，甚至弹性词研究究竟要解决什么问题、向什么方向努力、研究范式和理论框架等都仍需不断探索和逐步明确。本书希望可以在弹性词研究体系建设方面做些基础性的工作，以起到抛砖引玉的作用。

思考与练习

1. 郭绍虞（1938）所说的“语词的弹性作用”与当代语言学界的“弹性词”概念有哪些区别？

2. 英语中“professor、chemistry”等可以说成“prof、chem”，这种现象与汉语中的弹性词现象相同吗?

3. 现代汉语中单音节的“种、学、虎、咒”与对应的双音节“种植、学习、老虎、咒语”是一个词还是两个词? 请说明原因。

4. 弹性词的量化研究表明，介词、助词、叹词等功能性词类的弹性变化比例非常低，请分析一下原因。

5.《现代汉语词典》中有较多无长形式与之相配的单音节短形式，这些短形式通常不以单音节的形式出现，而是搭配其他成分以双音节或多音节组合形式出现，比如“王”组合为“小王”之类，请尝试谈一谈这一现象带给你哪些启示。

2

第二章

弹性变换的机制

前文中曾提到，弹性词长短形式变换是汉语非常独特的一种现象。其他语言中虽然存在类似的现象，比如英语中的“lab—laboratory、John—Johnny”等，但大多都没有系统价值，较少如汉语中的弹性现象一样具有系统性。所以，关于汉语弹性词现象，我们关心的是：为什么汉语中会有弹性词存在？其存在的原因和机制是什么？弹性对中的长形式与短形式变化的规律又是什么？汉语弹性现象包含了哪些语言学意义上的普遍规律？

如前文所示，汉语有长短两种形式的词汇的比例非常高，如“煤炭—煤、技术—技、老虎—虎、鸭子—鸭、学习—学”等。一方面，这些弹性对中的长短两种形式与其他形式搭配时，表现并不相同，比如“技术 + 工人、技术 + 工、* 技 + 工人、技 + 工”等；另一方面，这些弹性对中的长短形式在组合中的顺序也并不相同，比如“大型汉语词典、* 汉语大型词典、？大汉语词典”等。所以，可以把弹性词长短形式的变化简单概括为两类：一类为词长搭配现象，另一类为词序变化现象。

自郭绍虞（1938）以来，吕叔湘（1963），端木三（1999），周荐（1999），冯胜利（2000、2005、2009a），王洪君（2001），王灿龙（2002），Duanmu（2012），黄丽君、端木三（2013），Duanmu and Dong（2015、2016）等都相继讨论过与汉语弹性词相关的词长搭配现象和词序变化现象。本章将在前人讨论的基础上，明确汉语弹性词表现出这两类现象的原因和运作机制。

概括来说，关于弹性词现象存在原因的分析，前人的观点基本可以概括为两种：一种观点认为，用单还是用双，是因为二者语义不同，所以需“双”之意义时便用双，需“单”之意义时便用单，我们称这种观点为“句法—语义促发观”；另一种观点认为韵律才是汉语弹性现象存在的根本原因，即用单还是用双完全取决于韵律规律的要求，我们称这种观点为“韵律促发观”。

下面我们详细说明这两种观点并简单评述。

第一节　句法—语义促发观

持句法—语义促发观的学者认为韵律只是表现而非决定因素，句法、语义才是音节搭配的决定因素。句法—语义促发观的具体内容包括“成分的句法功能特点影响、关联标记组配、避免同音异义”等三种，下面具体说明。

一、成分的句法功能特点影响

“成分的句法功能特点影响”的代表性研究是张国宪（1990）以及王洪君（2001）等。

张国宪（1990）指出，双音节动词（记为“V 双”）只能与双音节名词（记为“N 双”）组合，不能与单音节名词（记为“N 单”）搭配，且“V 双 +N 单”一般不能构成动宾结构，如“* 裁剪书”不好，但“裁剪图书”好。张文认为，以上现象是单音节动词和双音节动词本身的语法功能差异导致的。即单音节动词语法功能单一，不具备光杆充当定语的功能，所以与名词组合只能是一种关系（动宾关系）；双音节动词语法功能丰富，可支配，也可修饰，与名词组合时既可以构成动宾关系也可以构成定中关系。

王洪君（2001）进一步考察了不同音节数的述宾和定中结构，具体如下：

（1）	动名述宾	名名定中	形名定中
	种蒜	煤店	软发 / 细脖
	种大蒜	* 煤商店	软头发 / 细脖颈
	* 种植蒜	煤炭店	* 柔软发 / 细长脖儿
	种植大蒜	煤炭商店	柔软头发 / 细长脖颈

该研究指出，形名定中与名名定中的单双音节搭配规律不同，而与述宾接近（这是首次有学者明确地提出形名定中和名名定中应该区别对待）。对于述宾和形名定中，2+1 是不好的形式，而对于名名定中，1+2 则是不好的形式，汉语这一节律规律的根本原因在于名、动、形在双音化过程中的差异。

第一，在汉语的发展过程中，名词的双音化远远快于动词、形容词的双音化。

第二，新生的双音动词、形容词语法功能复杂，而旧有的单音动词、形容词语法功能比较单一。

单音动词保留了原有的、单纯的强动态性，新生的双音动词承担了新的弱动态“动—名”两栖性；单音节形容词变为单纯表性质，将原来的“性质—使动”两栖性转给了新生的双音形容词；单音名词的自由性降低，不少成为黏着语素，新生的双音名词则继承了原有单音名词的自由可单说性。由于单双音节动词、形容词、名词这样的功能分工，现代汉语动名、形名各自的四种音节格式（2+2、2+1、1+2、1+1）也就有了语法上的分工。

认为音节数不同的名词、动词、形容词承担的句法功能不同，并借此来解释“*种植蒜、*煤商店、*柔软发”等不正确的分析思路，一定程度上反映了汉语事实，但整体来看，这一分析覆盖的汉语弹性现象有限，很多弹性现象无法用这一分析来解释。

二、关联标记组配

事实上，“关联标记组配”分析与“成分的句法功能特点影响”分析是一脉相承的，“关联标记组配”是在“成分的句法功能特点影响”的基础上发生、发展，并进一步深化的。

首次利用“关联标记组配”分析弹性词现象的是王灿龙（2002），该文从认知语义的角度对表义基本相同的单双音节词的搭配情况进行了研究，认为句法组合的最终决定因素是认知语义。比如，就名词的组配而言，在语法属性上，单音节名词的语法特征显著，具有名词的典型语法特征，双音节名词的语法特征有所丧失或弱化。从语义上，单音节名词的语义大都很具体、很直接、很明晰，双音节名词的语义一般都较抽象、较间接、较模糊。名词和名词直接构成的偏正组合具有可命名性，可以赋予某一类事物一个类名，而“*面粮食、*白面粮食”不成立的原因就是因为“白面”本身就是“粮食”，因此无论是“*面粮食”还是“* 白面粮食”都没有传递任何新信息，所以缺乏认知上的理据性。[①]而“*煤商店”之所以不成立，是因为“店”是自由语素，可以独立成词，而且表义与双音节的“商店”基本相同，由于单音节名词表示基本层次范畴，原型性很强，在认知上具有显著性，所以当人们选择某种属性作为分类的依据时，首先激活的是“店”，而单音节的“煤”也具有凸显性，所以双音节的“煤店”就是一个很好的组配。而“服装店、粮油店”等词，虽然是双音节和单音节的组配，但是由于表示分类的属性，因此获得了一种临时凸显性，所以也是可以成立的。而“皮背包、布背包、塑料背包”之所以成立，是由于前面的单音节名词能表示某种直接或间接的属性义，人们可以据此对后面的双音节名词表示的事物进行分类，从而使整个结构获得一种可命名性，成为一个类名。

与名词和名词的组合不同，动宾组合的组配受“相似原则”的制约。人类认知上的相邻相似原则，指导着人们判定一个句法结构单位是否形成了心理上的“完形”结构。在词类组合结构框架相同的情况下，哪两个词或哪几个词可以进入框架组成一个句法单位，哪两个词或哪几个词不能进入框架组成一个句法单位，同样也要受相邻原则和相似原则的制约。在动宾组合中，单加单、双加双更符合相邻原则，所以一般情况下，人们更倾向于

---

① 这里需要注意的是，有些组合，如“跑步、走路、睡觉”中的“步、路、觉”等宾语其实都是冗余信息。此外，“白雪、凉冰、头发”中的“白、凉、头”也都是冗余信息。据此，没有传达新信息就不合法的规则需要考虑。事实上，双音化的初期所加的成分很多都是“冗余信息”，参看胡敕瑞（2005）。

将单音节动词与单音节名词、双音节动词与双音节名词组合在一起——这两类组合是无标记形式，形成动宾关系。而 1+2 式或 2+1 式的动宾结构都是有标记的，当然这两种类型的动宾关系在汉语中都存在，比如只能说“运木料”而不能说“* 运木”或“* 运料”，这是因为“木料”组合中，“木”和“料”均不能独立成词，由于名词语素的黏着性，这种 1+2 式的动宾结构具有了较强的稳定性。而 2+1 式的动宾结构“观察猫、糟蹋钱”等能成立，同样是由于“观察”中的“观、察”和“糟蹋”中“糟、蹋”都不能独立成词，动词无法拆解，使其与双音节名词的结合具有了不可动摇的稳定性。

现在来看另一个问题，同样是单音节动词与双音节名词的组配，为什么“运木料”好，而“* 砍木料”不好？“运木料、* 砍木料”都是单音节动词加双音节名词，都是有标记的组合，而且同为单音节的“砍”和“运”在语义上都具有具体性。二者的可接受度存在区别，是因为“砍”的动作义比“运”更具体，所以“* 砍木料”不成立，而“运木料”成立。

张国宪（2005）又进一步指出，韵律组配从本质上说是语义和句法的要求在语言形式上的外在显现。所以，是语义制约韵律组配：单音词与基本层次范畴概念相对应，多音词通常与非基本层次范畴的概念相对应，词长是概念复杂化的映射，前者具有通指性，后者具有特指性。如“白”是通指，“雪白”是特指，“通指 + 通指、特指 + 特指”是无标记的，其他都是有标记的，如“* 雾浓密”不好，而“雾浓”或“晨雾浓密”就好。

柯航（2007）则系统采用关联标记模式理论来研究汉语中单

双音节的搭配问题。柯文认为，音节组合和句法结构属于两个不同的范畴，它们之间的联系形成一种关联标记模式。这种模式的动因在于语言象似性的要求。该文从“无义字串”的角度进一步论证了吴为善（1989）提出的“音节组合存在着松紧”的观点，比如数字串955和995连调式的不同，955组中的9不必读为“直上”，可读为“半上”，而995组合中的第一个9一定要读为“直上”，这说明1+2式要比2+1式松，该文由此得出音节组合具有独立性的结论。

柯航（2007）认为，语义关系松紧与音节组合形式松紧两者之间的无标记匹配，体现了语言中最基本的象似关系。如“校商店”和“学校店”，从语义上，“校商店”一般指学校拥有产权的商店，定语和中心语之间存在领属关系，在可让渡的领属关系中，定语和中心语关系较为松散；而“学校店”则是指“店”的本质和内在属性，定语和中心语关系较为紧密。所以在定中搭配中，使用1+2式还是2+1式是由定语和中心语语义关系的松紧决定的。凡表现更本质属性的定中组合，语义上更紧密，越倾向于使用2+1式；反之表现外围属性的定中组合相对松散，故与1+2式相匹配。除此之外，“强制性结构条件”也对定中结构起制约作用。所谓“强制性结构条件”是指组成成分是否成词，比如在属性类定中结构中，“*男式裤”与“男式包”的可接受度不同，正是这一特点的反映。

述宾结构是一个比较松散的组合，1+2音节模式相对松散，2+1音节模式相对紧密。因此，根据象似原则及形式与语义构成的关联标记模式，1+2式为述宾结构的无标记项，2+1式则是有标记项。这意味着述宾单双音节在搭配时优先选择 1+2 组合。同时，述宾结构是否成立也受“强制性结构条件”制约。

此外，柯航（2007）还指出，三音节述宾结构之所以只能成语不能成词，就是因为述语和宾语之间的关系相对于定中等其他结构而言比较松散。柯文的这一观点与冯胜利（2011）提到的述宾结构不具备成词条件的分析是一致的。只是冯文认为动宾不能成词是因为核心重音不允许 1+2 式的动宾结构构成韵律词，是从韵律角度得出的结论，而柯文是基于音节组合及句法和语义的关联模式得出的结论。

关联标记组配分析与语义密切相关。概括来说，这一分析范式认为，句法结构、语义关系、韵律形式三者存在对应关系。“紧”的句法结构、“紧”的语义关系与“紧”的韵律形式三者构成无标记对应，同样，“松”的句法结构、“松”的语义关系与“松”的韵律组配形式三者也构成无标记对应，其他对应则不是三者的无标记对应。

与“成分的句法功能”影响类似，关联标记组配确实反映了汉语中的一些事实，但对于解决汉语中的弹性词现象来说，存在一些不足，具体说明如下：

第一，该分析所涉及的现象基本集中于形+名、动+名、名+名等相关现象，这类现象只是汉语弹性词现象的一部分，对于这些现象以外的众多汉语事实，该分析并未给出解释。

第二，该分析中的一些观点并非强制性的语言规则，更多属于非强制性的使用倾向，倾向性的论断对于语法上有较明确合法与否边界的事实显得解释力过于强大，分析和预测的科学性值得考虑。比如语义上的具体、直接和抽象、间接究竟如何确定是个很困难的问题，说双音节抽象、间接，恐怕很难得到充分的证明；更何况说单音节语义上如何，双音节语义上如何，大约也只是概率上成立、概括上成立的结论，作为事后的解释完全可以，但可能不适合用来对语言形式合法与否进行分析和预测。

第三，该分析中的部分观点似乎简单化了，与复杂的汉语事实不完全相符。比如认知功能分析中常出现的象似性观点认为，复合形式或者组合比单纯形式更复杂，就一定要传递更复杂的语义信息；反过来说，如果一个组合并未表达新信息，那么这个组合应该是不合法的。这一观点明显不符合汉语事实，汉语中“跑步、走路、睡觉”中的“步、路、觉”对于词义表达来说都是冗余信息，复合形式并未比单纯形式传达更多意义；“白雪、凉冰、头发”中的“白、凉、头”也都是冗余信息，复合形式也未比简单形式传递更多语义信息。更多的示例和分析，请参看胡敕瑞（2005、2008）。

三、避免同音异义

避免同音异义是关于汉语中存在大量弹性现象的一种有着广泛影响力的解释，最初由 Karlgren（1918）提出，其基本观点是现代汉语中只有大约 1300 个音节，如果现代汉语中的语素都是单音节的话，每个音节要负担多个语素，这样会出现大量的一音多义现象，而语素双音节可以大量减少这种一音多义的情况。出现双音节形式后，原来的单音节形式仍然存在，于是出现了单双音节长短形式共存的弹性现象。

因为避免同音异义而出现弹性词的观点，看起来很有道理，但端木三（2016）、Duanmu and Dong（2016）通过非常有说服力的论证，证明这种观点并不正确，有兴趣的读者可以参看。证明过程与本研究并非直接相关，不再重述。

第二节　韵律促发观

首先从韵律角度分析汉语弹性词现象的是吴为善（1986），该文注意到汉语中单双音节搭配所表现出的某些倾向并非单纯地来自语义和语法的制约，也是语音制约的结果。如 2+2 式动宾结构可以将前一个双音节压缩为单音节，其结果是形成 1+2 式。相反的选择是不合习惯的，如“修建马路”可以说成“修马路”，但“* 修建路”却不能说。类似的例子如“运输粮食—运粮食、缝制衣服—缝衣服、清理仓库—清仓库、收割麦子—收麦子”等等。相反，若是 2+2 式偏正结构，则可以将后一个双音节压缩为单音节，成为 2+1 式，如“长毛兔子”我们通常说成“长毛兔”，尽管“兔”一般不单用，但在三音节语段中却可以单用。同样的例子还有“象牙筷子—象牙筷、记录卡片—记录卡、华南老虎—华南虎、防风眼镜—防风镜”等等。另外，同是“描图纸”，念成 1+2 模式的“描 | 图纸”和念成 2+1 模式的“描图 | 纸”，所代表的结构是不同的，意思也不一样。通过上述这些例子，吴为善（1986）提出，词汇的组合方式不仅要受到语法、语义因素的限制，还要受到语音的限制。

此后，更多的学者将研究的视角转到了语音对语法结构和语义的限制上，甚至开始探寻新的理论，以求系统地解释韵律对句法和语义的作用。比较有代表性的主要有以下观点。

Lu and Duanmu（2002）针对吕叔湘（1963）提出的“VO 格式 1+2 式多于 2+1 式，而 MN 格式 2+1 式多于 1+2 式”这一现象，给出了韵律上的解释。文章认为 VO 与 MN 的不同表现，不是由于语义或语法上的不搭配，而是由于音节的单双与语法结构之间存在关联，具体内容为：

a. Nonhead Stress（NHS）

在句法的核心和非核心关系中，非核心成分要比核心成分重。

b. Nonhead Length（NHL）

在句法的核心和非核心关系中，非核心成分一定要比核心成分长。

在三音节的 VO 结构中，O 是非核心成分，所以 O 重，O 的长度要长于 V；而在三音节 MN 结构中，M 是非核心成分，所以 M 的长度要长于 N。由此，述宾结构中宾语轻的“* 阅读报”不成立，而宾语重的“读报纸”成立；偏正结构中修饰成分轻的“* 表工厂”不成立，修饰成分重的“手表厂”成立。

冯胜利（1997、1998、2000、2007、2013）、Feng（2003）等一系列研究使韵律促发汉语弹性词理论得到了系统阐述。该研究的系列理论包含四方面内容：

第一，自然音步理论；

第二，韵律句法层面的核心重音理论；

第三，韵律语体方面的相关研究成果；

第四，韵律作为形态的相关论述。

“自然音步理论”是冯胜利（1998）根据汉语的特点首次提出的。冯胜利（1998）认为，只有那些不受句法、语义和语用等因素干扰的结构才是汉语的纯韵律结构，基于这种结构得出的才是汉语韵律的特点。汉语中的音译词和并列结构正好符合这一要求，详见例（2）。

（2）加拿大　　斯里/兰卡　　阿尔/巴尼亚

捷克#斯洛/伐克　　美索/不达#米亚

布宜/诺斯#艾利斯

数理化　　加减/乘除　　天地/君亲师

柴米/油盐#酱醋茶　　赤橙/黄绿#青蓝紫

以上例子中，不存在单音节音步，比如，三音节的“加拿大”不能说成“*加/拿大”，也不能说成“*加拿/大”，只能说成“加拿大”；四音节的韵律结构只能是“2+2”，而不能是其他形式，比如“斯里兰卡”只能说成“斯里/兰卡”，而不能说成“*斯里兰/卡”或“*斯/里兰卡”；五音节或七音节的韵律结构中，只有在结构的最后，才会出现三音节形式，比如“阿尔/巴尼亚”或“布宜/诺斯/艾利斯”等。冯文通过这些例子揭示了汉语自然音步的两个重要特征：两音节一步，自然音步的实现方向是由左向右的，即右向音步。由于单音节不足以构成一个独立的音步，所以三音节组成一个独立的音步——超音步。

两个音节构成标准音步，三个音节构成超音步。超过三个音节的组合，其韵律结构可以分解为标准音步或者标准音步与超音步的组合。所以，标准音步和超音步涵盖了汉语音步结构的核心内容。而标准音步相对单纯，超音步相对复杂，可以说，超音步是探索汉语音步结构奥秘的关键。超音步由三个音节组成，包含一个标准音步和一个单音节。由于自然音步的实现方向是右向（从左到右）的，所以超音步的纯韵律结构应该是 2+1，即由标准音步后附加一个单音节构成。由于三音节的“可逆性”，三音节构成的音步还存在着另外一种“不自然”的情况，即 1+2，这种“不自然”的音步是受句法、语义等因素的限制所造成的。三音节的这种“自然”和“不自然”的对立正好反映了汉语词和短语的对立，据此，冯文提出了韵律构词学的基本理论——“2+1 构词，1+2 构语”。此理论认为，对于三音节结构而言，1+2 只能构成短语，而 2+1 才是构词结构。此理论一经提出，便引起了学界的广泛关注。有的学者也提出了一些反例和疑问。针对这些疑问，冯胜利（2001a、2001b）给出了解释和说明。冯胜利指出汉语中的词是有不同维度的，可以分为词汇词、句法词、韵律词。韵律词可以解释我们常说的“词感”问题。人们一般习惯于将双音节的结构看作词，如“吃亏、睡觉、关心”等，但是这些结构并不受“词汇完整性假说”限制。从结构上讲，这些“词”都能够打开，如“吃了一次亏、睡了一觉、关什么心”等，但是这些结构中有的又具有词的性质，如“他很关心这件事”。对于这样亦词亦语的结构，传统的“词”和“语”的概念很难确定其归属，但是将其归入韵律词就解决了这个问题。韵律词是可以跨越词和语的，所有的双音节结构都是韵律词。韵律词的概念很好地解释了为什么三音节的 VO 结构不能带宾语而双音节的就可以，如“负责这件事”可以，但是“* 负责任这件事”就不可以。汉语只有双音节的动宾结构是韵律词，汉语中所有的复合词必须是韵律词，由于三音节的 VO 结构不是韵律词自然也不是复合词，所以自然无法带宾语。不仅如此，冯文还区分了词汇词和句法词。词汇词就是我们传统意义上所说的按构词法构成的词，句法词则是指按句法规则生成的词。汉语中词和词复合可以生成两种结构，一种是短语，一种是“词”，这种“词”就是我们所说的“句法词”。

核心重音理论正式被引进国内是从冯胜利（2000）开始的，该理论的核心概念是“核心重音”。如下所述：

> 给定两个姊妹节点 Ci 和 Cj，若 Ci 和 Cj 为选择次序（selectionally ordered），且彼此管辖（mutually govern），那么 Cj 则较凸显（prominent）。

核心重音理论指出，动词与其补语构成姊妹节点，补述语是相对凸显成分。汉语中凸显的重要表现之一便是音节数量的多寡，所以汉语补述语的音节数量不能少于动词。这解释了为什么“栽种大蒜、种大蒜”合法，“* 栽种蒜”不合法。另外，核心重音理论还引出了另一个结论：“动词后不能同时出现两个不能轻读的成分”。因为如果动词后出现两个不能轻读的成分，其中只有一个成分可以得到核心重音，另一个成分无法实现韵律加工。这解释了为什么“打__基础、收__少林寺”的空位“__”上只能是单音节的“牢、徒”，而不能是双音节的“牢固、徒弟”等

（Feng，2003；冯胜利，1997、2000、2007、2013）。

关于韵律语体方面的研究，有冯胜利（2003a、2003b、2005、2006a、2006b、2007、2010a、2010b、2012b、2013），王永娜（2007、2008、2010、2011、2012a、2012b、2013、2015）及王永娜、冯胜利（2015）等①，其核心内容为“语体是实现人类直接交际（面对面的现场交际）中最原始、最本质属性（亦即确定彼此之间关系和距离）的语言手段和机制”，其运作方式为通过语言材料的差异或句式、语言表达方式等的差异，来体现不同的语体，并通过语体来调节距离：或者拉远距离，或者拉近距离，或者保持一般的距离。这种“调距”将语言区分为正式语体 / 非正式语体和典雅语体 / 通俗语体，这种语体区分直接影响语言面貌，是汉语语法研究的重要内容之一。

韵律形态方面的研究始见于冯胜利（2009b），其后王丽娟（2009、2013、2014）对相关问题进行了更深入的讨论。其重要结论为“汉语可以通过韵律这种超音段的手段，发挥其类似于音段形态手段的作用”，并且“双音化是现代汉语动词变成名词或兼类词的必要条件和形式标记”。

以上各理论的详细内容请参看本书后续章节及本套丛书中的其他分册。

---

① 语体语法的研究较多，如吕叔湘（1992），朱德熙（1987），胡明扬（1993），陶红印（1999、2007），陶红印、刘娅琼（2010a、2010b），张伯江（2007），王洪君等（2009）等都做出了重要研究。本书主要讨论语体对弹性词现象所产生影响的相关研究，所以对韵律语体以外的研究涉及较少。

第三节　韵律是弹性词现象产生的根本动因

这一节讨论的核心问题是，句法—语义促发和韵律促发中，哪一个才是造成汉语弹性词现象的根本原因。我们认为，韵律促发能更合理地解释弹性词现象，是弹性词现象的动因，理由如下：

第一，弹性现象是语言使用中受规则影响"在线"生成的结果，长、短形式固化为词汇单位是这种在线生成的结果，而不是原因。

第二，根据句法—语义促发观的一些基础理论所做的分析，与语言事实并不完全相符。

第三，存在很多句法、语义无法解释的弹性词长短形式分布现象。

一、弹性词是规则作用下在线生成的结果

虽然不同学者对制约弹性词现象的机制有不同的看法，但关于弹性词的一些关键特征，学者们是普遍接受的。比如，弹性词现象的核心是主要意义和功能基本相同的长短形式在特定的语言使用环境中可以代换，即长形式出现，或短形式出现，有时长短形式都可以出现；长短形式可能是词典上固化下来的词对（比如"种"和"种植"），也可能不是（比如"发动机"和"发"）。我们认为，弹性词的长形式和短形式并不是孤立确定的，而是在具体的语言使用中在线生成的。此时、此地的特定环境要求一种形式出现，而彼时、彼地的特定环境则要求另一种形式出现。即弹

性词的长形式和短形式并不是像近义词、反义词那样是词汇层面的词对，而是在语言具体使用中成对的非固定代换或变形。在具体语境中，我们可以很清晰地了解某个变形而来的短形式对应的是哪个长形式（比如我们可以很容易地确认“购基金200份”中“购”的长形式为“认购”，“购房”中“购”的长形式为“购买”，“完成购粮计划”中“购”的长形式为“收购”），但这对长短形式并不必然固化为词典中的两个对应词项（比如“购—认购、购—收购”便未固化在词典中）。所以，我们更多地从语句生成过程中对具体位置需出现长形式还是短形式的要求角度考虑这种现象，而不从是否固化为词典中的词对来考虑这种现象。

要特别说明的是，固化在词典中的长短形式对，一定程度上反映了汉语中长短形式在线生成、在线选择的情况。那些已经固化在词典中的长短形式对，一定是配对频率较高、出现较频繁的。

下面我们以更多示例来进一步说明弹性词现象如何在线生成，详见以下（3）中各例。

（3）a. 改文章	改写历史
把文章改改	*把历史改写改写
改想法了	改变计划了
把想法改改	*把计划改变改变
*想法改	计划改变
*想法的改	计划的改变
*关于想法的改	关于计划的改变
*计划内容将进行改	计划内容将进行改变

b. 长毛兔　　　　兔子尾巴
　筷笼子　　　　象牙筷子
　记录卡　　　　卡片式记录本
　华南虎　　　　老虎屁股摸不得
　防风镜　　　　眼镜盒

（3a）揭示的弹性现象说明“改”可与“改写、改变”构成弹性词的长短形式。“改”与“改变”似乎在词汇层面也可以被我们想到，但“改”与“改写”并未被固化，需要具体的上下文环境使它们成为长短形式对——离开具体的语句、具体的语言使用，“改—改写”这一长短形式对并不凸显。

（3b）中构成弹性词对的单音节形式“兔、筷、卡、虎、镜”事实上都不能单用，“兔”是为了满足“长毛 +X”不超过三音节的要求压制而来的，其他单音节形式亦然。即，这些形式成为双音节长形式对应的短形式，是“三音节”韵律框架要求的结果，是在具体语言使用中“在线”生成的。

如果弹性词是句法的，是语言使用层面的，那么弹性词现象一定不是句法—语义促发的，而是韵律促发的。因为句法—语义促发实际上是通过预设弹性词的长形式和短形式各有独特的句法—语义特征，并利用这种特征在组合中能否搭配 / 匹配或实现某种功能需要来解决问题。其根本，仍是自下而上的组合思路。但例（3）说明，弹性现象并不必然依赖于词库中预存的长形式或短形式单位，而完全可以根据实际语句在线生成需要，将某个长形式变换为短形式（比如“双发单座飞机”中的“发、座”分别由长形式“发动机、座椅”变形而来），然后进入具体语句。

这种长短形式的变换是具体语句韵律框架制约的结果，至于韵律框架如何制约，我们在下一章中说明。

二、句法—语义促发理论存在的缺陷

比如王灿龙（2002）提出“词长搭配跟韵律无关，只跟语义有关”，并举例证明 1+2 式的名名结构没有什么不好。但 Duanmu（2012）根据语料统计发现，1+2 式的名名组合的出现率只有 1% 左右，远远低于 1+1 式、2+1 式及 2+2 式的出现率。而且，1+2 式的例子多限于两种结构，即“材料 + 名词”（如“皮手套、棉大衣”等）或“所有格 + 名词”（如“党代表、系主任”等）。很显然，这 1% 左右的 1+2 式名名组合属于少数、特殊的例子，不能与大量存在的、具有普遍意义的语料混为一谈。一旦不区分二者，就可能忽略问题的本质。王灿龙（2002）还认为，2+2 式的名词组合不能指具体概念，因此，“煤炭商店、技术工人、手表工厂”等皆“不是地道汉语”。这种说法，尚未见到证据。

再比如，张国宪（2005）认为，名词长短形式组配受限制的原因在于语法属性：单音节名词的语法特征显著，具有名词的典型语法特征；而双音节名词的语法特征有所丧失或弱化。从语义上看，单音节名词的语义大都很具体、很直接、很明晰，双音节名词的语义一般都较抽象、较间接、较模糊。这种分析作为对汉语某些名词的语法功能或语义特点的说明非常准确，汉语确实在概率层面上存在这种现象，但将这种现象推广为规则来解决汉语弹性词问题恐怕就有些力所不及了。比如“虎—老虎、镜—眼镜、卡—卡片”等名词的长短形式是否真的存在“典型性”与“名词特征弱化”，是很值得争论的问题，至少目前还没看到强有力的证据能证明这一点。

三、部分弹性词现象不符合句法—语义促发观的预测

句法—语义促发观无法解释例（4）所示的现象。（4a）中弹性词的长短形式分别是“购买、阅读”和“买、读”，但至少到目前为止，学者们还没有找到解释造成“* 买和读了一本新书”与“购买和阅读了新版宪法”之间长短形式差异的句法或语义原因。在句法、语义上，这对长短形式几乎没有区别，如果说此处的弹性现象是句法—语义促发的，这很难理解。（4b）也是几乎同样的问题，长形式“加拿大”与短形式“加”之间几乎没有明显的句法或语义差别，但在例句中长短形式决不能换用。韵律构词学的研究对（4b）提供了非常有说服力的分析（Downing，2006；Feng，2009；等等），推导出无疑是韵律原因，而不是句法—语义方面的原因这一结论。（4c）中构成长短形式弹性词的是“奖励”和“奖”，事实上也无法找到这一对长短形式在句法或语义上的区别。更何况还有（4d）的嵌偶词和（4e）的合偶词现象，这两类现象更无法从句法或语义角度找到解释。

（4）a. * 今天爸爸给我买和读了一本新书。

* 昨天领导组织大家买和读了新版宪法。

昨天领导组织大家购买和阅读了新版宪法。

b. 中加合作　　　　　　　* 中加拿大合作

中国和加拿大的合作　　　* 中国和加的合作

c. 不论给不给奖　　　　　　　　不论给不给奖励

?? 奖给还是不给都无所谓　奖励给还是不给都无所谓

d. 佳友　　　巨松　　　静候　　　遇险

* 佳朋友　* 巨松树　* 静等候　* 遇危险

e. 禁止步行　　* 禁止行

阅读报纸　　* 阅读报

出版图书　　* 出版书

此外，Duanmu and Dong（2015）在讨论造成弹性现象的原因时，也认为该现象是韵律原因导致的。虽然我们与 Duanmu and Dong（2015）在弹性词问题研究上所采取的范式不同，但该文中关于韵律以外因素并非弹性词现象产生原因的分析，我们完全赞同。

本书经过以上分析论证，认为韵律促发才是汉语弹性现象存在的根本动因。韵律制约汉语弹性现象的方式和具体运作机制将在下一章中通过具体语言现象进行详细说明。

要特别说明的是，我们认为韵律是促发弹性词现象的根本动因，是指韵律是决定弹性词现象的根本原因，但并不是说除了韵律因素，弹性词现象与句法、语义、语体等因素完全无关。因为韵律的作用与结构有关——比如核心重音的作用，与语体有关——比如单双音节词汇语体差异，有时甚至与语义有关——比如韵律构词相关研究中提及的语义的影响[①]。

① 感兴趣的读者请参看即将出版的《汉语韵律语法纲要》中的相关内容。

思考与练习

1. 弹性词现象的根本动因是韵律、句法，还是语义？为什么？
2. 为什么说持“弹性词现象由句法—语义促发”观点的人会认为弹性现象的长形式和短形式是两个词？
3. 请说明你对“产生双音节词的原因”与“弹性词现象的机制”二者间关系的看法，并陈述理由。
4. 请尝试深入分析本章提到的以下弹性现象示例。

（1）中加合作　　　　　　　　　* 中加拿大合作

　　中国和加拿大的合作　　　　* 中国和加的合作

（2）不论给不给奖　　　　　　　不论给不给奖励

　　?? 奖给还是不给都无所谓　　奖励给还是不给都无所谓

3

第三章

韵律视角下的弹性词研究

韵律是汉语弹性词现象存在的根本原因，1990 年以来，韵律语法对汉语多种弹性词现象进行了讨论，本章将对这些研究进行梳理介绍。

第一节 对语法结构敏感的弹性词现象

对语法结构敏感的弹性词现象是指弹性词的长形式或短形式的选用与特定的语法结构有关。这些弹性词现象中，最早被注意到的是述宾结构（动+名）和偏正结构（动+名、名+名、形+名）两类。

一、述宾结构和偏正结构

与弹性词现象相关的述宾结构和偏正结构分别指动 + 名类型和动 + 名、名 + 名、形 + 名类型，具体语料如例（1）所示。其中“V+O（N）”表示“动 + 名构成述宾结构”，“M（N）+N”代表“名 + 名构成偏正结构”，“M（A）+N”代表“形 + 名构成偏正结构”；“V+O / M+N”指具体示例结构关系有两种可能，既可能是述宾关系，也可能是偏正关系。

（1）a. V+O（N）

2+2	1+1	2+1	1+2
阅读—报纸	读—报	* 阅读—报	读—报纸

表演—戏剧	演—戏	* 表演—戏	演—戏剧
种植—树木	种—树	* 种植—树	种—树木

b. M（N）+N

2+2	1+1	2+1	1+2
手表—工厂	表—厂	手表—厂	* 表—工厂
技术—工人	技—工	技术—工	* 技—工人
煤炭—商店	煤—店	煤炭—店	* 煤—商店

c. M（A）+N

2+2	1+1	2+1	1+2
柔软头发	软发	* 柔软发	软头发
细长脖颈	细脖	细长脖儿	细脖颈
大型汽车	大车	大型车	大汽车

d.

2+2	2+1	1+2
V+O / M+N	M+N	V+O
复印—文件	复印—件	印—文件
测量—仪器	测量—仪	测—仪器
筹备—经费	筹备—费	筹—经费
运输—箱子	运输—箱	运—箱子

例（1）中的各例说明了音节数与结构类型的共变关系，其中的规律可描写为表 3–1。要说明一点，此表只是对最普遍情况的说明，不包括非系统性的例外。比如 2+1 音节模式的动 + 名组合也可能是述宾结构，比如“糟蹋钱、喜欢猫”之类。表格中这组里的“* 述宾结构”是指对于存在弹性对的动 + 名组合来说，2+1 音节模式不合法——这一概括的有效性很明显。

表 3–1 音节数与结构类型共变关系——语法关系模式

词类组合 \ 音节模式	1+1	1+2	2+1	2+2
动＋名	述宾结构 * 偏正结构	述宾结构 * 偏正结构	* 述宾结构 偏正结构	述宾结构 偏正结构
名＋名	偏正结构 * 述宾结构	* 偏正结构 * 述宾结构	偏正结构 * 述宾结构	偏正结构 * 述宾结构
形＋名	偏正结构 * 述宾结构	偏正结构 * 述宾结构	偏正结构 * 述宾结构	偏正结构 * 述宾结构

表 3–1 的概括还可以表达为表 3–2 的形式。

表 3–2 音节数与结构类型共变关系——音节组合模式

词类组合 \ 结构关系	述宾结构	偏正结构
动＋名	1+1 1+2 *2+1 2+2	*1+1 *1+2 2+1 2+2
名＋名	*1+1 *1+2 *2+1 *2+2	1+1 *1+2 2+1 2+2
形＋名	*1+1 *1+2 *2+1 *2+2	1+1 1+2 2+1 2+2

以上两个表可以较充分地展现词类组合、音节模式、语法关

系三者间的关系，展现了在一定的词类组合、述宾关系和偏正关系下的单双音节限制情况。韵律语法领域对这一问题的分析，较为人接受的是基于冯胜利（1998）所提出的自然音步理论。

冯胜利（1998）指出，汉语中音步的实现在逻辑上存在左向或右向两种可能，亦即：

左向：[σ（σσ）(σσ)(σσ)] ←

右向：→ [(σσ)(σσ)(σσ)σ]

但是，左向音步和右向音步的性质不同，它们有“自然”与“非自然”的区别。汉语中的自然音步是指不受语法、语义影响而组合成的音步。汉语中较典型的“不受语法、语义影响的音步”是无义字串和并列字串所表现出来的音步形式，比如例（2）。

（2）德谟克拉西　　55555　　柴米油盐酱醋茶

布宜诺斯艾利斯　　999　　金木水火土

说汉语的人一律把例（2）中这些字串读成右向音步，绝不可能是左向音步（斜线代表音步的界域），如例（3）。

（3）右向 →	德谟 / 克拉西	* 德谟克 / 拉西 ← 左向
	55 / 555	*555 / 55
	柴米 / 油盐 / 酱醋茶	* 柴米油 / 盐酱 / 醋茶
	布宜 / 诺斯 / 艾利斯	* 布宜诺 / 斯艾 / 利斯
	999	*99/9
	金木 / 水火土	* 金木水 / 火土

例（3）说明，汉语中不受语法和语义影响的音步是右向音步，这种音步就是自然音步，那么它自然是“顺向音步”的产

物；而左向音步属非自然音步，无疑是“逆向音步”的结果。

冯胜利（1998）还指出，汉语的音步不仅有组合方向的不同，而且不同的方向还导致了不同的结果，因为“按自然音步（右向音步）组合的形式和按非自然音步（左向音步）组合的形式，必然会反映出两种不同的语法性能”。冯文强调：“一般而言，2+1（右向音步）是构词形式，1+2（左向音步）是造句形式。”（亦见于冯胜利，2013：100-101）。这就是后来被称为“右向构词，左向造语”的重要结论。

在“自然音步组向”及“右向构词，左向造语”结论的基础上，冯胜利（1998）及其后的研究还进一步分析了汉语韵律构词学理论中的几个关键性的问题：

第一，单音不成步。

此前，“单音节不能构成一个独立音步”的结论虽有一定的根据（吕叔湘，1963；冯胜利，2000、2012a；王洪君，2001），但缺乏必要的论证。有些音系学学者甚至对此表示怀疑以至不承认。冯胜利（1998）根据汉语中的大量事实得出自然音步的构成原理，并进而推导出如（4）所示（F= 音步，σ = 音节）的“汉语中的单音节不足以构成一个独立的音步”的结论。

（4） *F

|

σ

这一结论是自然音步理论的必然结果。在无义字串（如“德谟克拉西”）和并列字串（如“55555”）中，均不允许出现单音节独立音步的节律模式“[... * /σ/...]”，而只能是“[/σσ/σσσ/]”或者“[/σσ/σσ/σσσ/]”。这种事实只能解释为汉语中的单音节不足以构成一个独立的音步。换言之，自然音步的存在否定了单音步的独立。

第二，双音节音步。

单音不成步，根据无义字串的节律模式，可以推知最小的音步必然是双音节音步。以往双音节音步的提法一般都是从汉语双音节词（或双音节律）普遍存在的现象中归纳出来的，现在则不然，双音步的结论可以从“单音不成步”这一大前提中推演出来：如果单音节不成音步（σ ≠ F），如果音步必须由两个成分组成（Foot Binarity Principle），那么双音节音步（最小音步 / 标准音步）就是唯一的选择。可见，双音节标准音步是推演的结果——这被视为韵律构词学理论中的“双音步定理”。

第三，超音步。

如果单音不成步，双音节是最小音步，那么三个音节的字串必然也是一个音步。当然，它不是最小的音步，故名之曰“超音步”（用 F' 表示）。换言之，超音步也是推演的结果，因此也可视为韵律构词体系中的定理——“超音步定理”。

以上的分析和推演成为解决例（1）所示的与述宾结构、偏正结构相关的汉语弹性词问题的基础。音步决定韵律词，所以汉语的标准韵律词均取双音节形式。汉语的合成词又必须首先是一个韵律词（冯胜利，1996b），所以汉语的合成词必取韵律词的音步形式。由此，汉语复合词只能是标准韵律词形式的词汇组合或标准韵律词后加单音节的结果。其中，标准韵律词后加单音节构成超音步，所以 2+1 音节模式才能产生合法的复合词，于是无论是动 + 名、名 + 名，还是形 + 名，只要构成偏正结构，都合法，比如“复印件、皮鞋厂、安全岛”等。

同理，1+2 音节模式不能构成复合词，只能构成短语，所以 1+2 模式只能是述宾结构，比如“印文件、种大蒜”等。

汉语中的三音节离合词作为非常典型的例子，有力地说明了 1+2 音节模式只能构成短语。比如“开玩笑、泡蘑菇”等 1+2 动宾形式通常被认为是离合词，属于词汇范畴。这类组合的意义也不是组合成分的简单相加，而是有独特的内容，从这一点看，它们确实是词，而不是短语。但实际上，它们虽被从意义角度认定为词，但它们的句法表现更像是短语，比如（5）中对“开玩笑、泡蘑菇”进行句法操作得到的各项表达都是正确的。

（5）开玩笑：开什么玩笑　　　　　开小王的玩笑
　　　　　　开了一个不合适的玩笑　玩笑不能这样开
　　泡蘑菇：泡了半个小时蘑菇　　泡起蘑菇来没完没了
　　　　　　泡什么蘑菇

利用自然音步及相关推论解决述宾结构、偏正结构涉及的弹性词现象，还有一些问题需要进一步说明。比如为什么任何音节模式的形 + 名组合都可以是偏正结构？这与动 + 名、名 + 名组合差别较大。为什么 1+2 模式的名 + 名组合“纸老虎”等是合法的偏正结构？这与“* 煤商店、* 金工厂”等不同。下面我们详细说明。

首先，我们来说明为什么形 + 名组合如此特别。

不同于动 + 名、名 + 名组合，形 + 名组合的四种音节模式都是合法的偏正结构。其中，1+2 音节模式例如“小雨伞、大房间”等，根据“右向构词，左向造语”理论，这类示例应该都是短语。但是问题在于，从语义上看，“小雨伞、大房间”都是短语，但它们的句法表现却更像词。如（6a）所示，“小雨伞、大房间”等内部都不能进行语法操作，而形 + 名组合如果是短语，应该可以进行如（6b）所示的句法操作。前文对例（5）现象的分析已经表明，语义标准并不是有韵律句法研究意义的词或短语的确定依据，句法标准才是关键依据，所以“小雨伞、大房间”都是词。

（6）a. * 很小雨伞　　　　* 非常大房间

b. very little umbrella　　very big room

冯胜利（2000）对这一问题进行了非常详细的解析。下面的例（7）列出了与三音节 A+NN 问题相关的现象。

（7）大盘子	* 白大盘子	大白盘子
小凳子	* 黑小凳子	小黑凳子
大房子	* 紫大房子	大紫房子
小灯笼	* 红小灯笼	小红灯笼
大汽车	* 红大汽车	大红汽车
小盒子	* 蓝小盒子	小蓝盒子
大褂儿	白大褂儿	
小豆	红小豆	
大米	白大米	
小兵	红小兵	

大雁	黑大雁
小褂儿	蓝小褂儿
大汉	黑大汉
小辫儿	黑小辫儿

在短语层面，就修饰的次序来说，表示“大小”的修饰语必须放在表示颜色的修饰语之前（Sproat and Shih，1991），亦即必须遵循“大小→颜色→名词”的词序。因此，“* 白大盘子”与“大白盘子”的对比，说明“盘子”前的修饰成分符合“大小→颜色”这一语序。而与“* 白大盘子”语序相同的“白大褂儿、红小豆”都合法，但“褂儿、豆”前的修饰语不符合“大小→颜色”语序。于是，“大褂儿”跟“小豆”只能是“词”，因为其中的“大、小”是词汇的一部分，所以当它们被颜色修饰语修饰的时候，就不受“大小→颜色”这种短语层面语序规则的干涉，因为语序规则不能干涉词汇内部的成分；相反，“大盘子、大房间”都是短语。可是这样一来，“大盘子、大房间”就陷入了两难：前文例（6）说明“大房间”是词，但例（7）又说明它们是短语。

冯胜利（2001a、2001b）认为，例（6）和例（7）表现出的“大盘子、大房间”的独特现象，说明“大盘子、大房间”与“大褂儿、小豆”并不相同，后者只有词汇一种身份，而前者则有“词”和“语”双重身份。不过，认为“大盘子、大房间”既是“词”又是“语”，只是一种权宜之计，因为“词”和“语”是完全不同的两个范畴，一个单位不可能既是“词”又同时是“语”。冯文引入了“句法词”概念，为解决这一矛盾提供了非常好的方案：“大盘子、大房间”等是句法词，不是词汇词。因为它们是“句法词”，所以它们可以表现出短语的句法特点，这使它们不同于“大褂儿、小豆”等词汇词；也因为它们是“句法词”，仍属于词汇的范畴，所以它们没有表现出某些短语的特点。

什么是句法词呢？所谓句法词是指通过句法运作而产生的词。我们知道，词跟词组合，在句法上既可以构成短语（8a），也可以构成词（8b）。

（8）a.

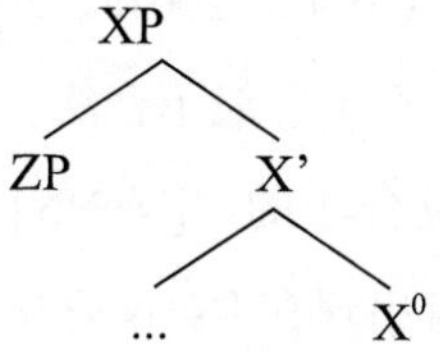

b.

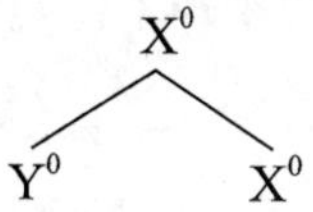

XP 是短语，而 X^0 则仍然是词。人们一般只注意句法生成短语，殊不知句法运作同样可以生成词。譬如，句法上的“附加法”（一个 X^0 附加于另一个 Y^0 节点之上）、“并入法”（一个核心词并入另一个核心词）均可以造成结果上的词。就是说“大的树”是以（8a）为其句法结构，而“大树”则取（8b）为其句法结构，分析如（9）。（9b）是“X^0-adjunction”，所以“大树”不是短语，仍然是一个“X^0 category”，是一个句法词。

（9）a.

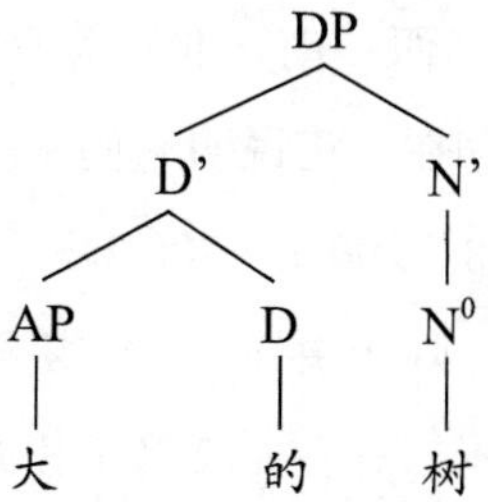

b.

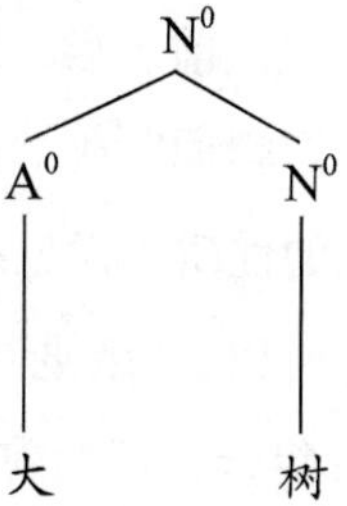

以上分析说明了为什么形 + 名组合如此特别，因为某些形 +

名组合是句法词，正是这些句法词使 1+2 音节模式的形 + 名组合偏正结构得以存在。

第二个问题是为什么存在 1+2 音节模式的名 + 名组合偏正结构。

通常 1+2 音节模式的名 + 名组合偏正结构不合法，比如“* 煤商店、鞋工厂”等，但确实存在一些合法的语料，比如“纸老虎”等。“纸老虎”类语料带来的挑战在于：它们是 1+2 音步模式，但它们看起来却不像短语。冯胜利（1998、2001a、2001b）指出，“如果 $[*N+NN]_{词法词}$（如‘* 鞋工厂’）一般不合法，那么，必然 $[*N+NN]_{词法词} \neq [N+NN]$”。就是说合法的“[N+NN]”一定不同于不合法的“[*N+NN]”，这意味着出现在 [N+NN] 中的单音节名词“N”必然和出现在 $[*N+NN]_{词法词}$中的“N”不相同。这种预测与吕叔湘、饶长溶（1981）的观察相契合。[N+NN] 形式中的单音节“N”类似于吕叔湘、饶长溶（1981）中提到的“非谓形容词”。

（10）金：金项链　　银：银戒指　　铁：铁饭碗
　　　棉：棉大衣　　男：男教师　　女：女演员

除了上面的例子外，吕叔湘、饶长溶（1981）还举出“公、母、雄、雌、正、副、负、单、双、本、分、总”，以及“上、下、中、前、后、左、右、东、西、南、北”等众多示例。“非谓语形容词”或“区别词”的存在，正说明它们跟一般名词具有不同的性质（详见冯胜利，1998、2001a、2001b）。

所以，“纸老虎”类现象实际上并非 N+N 组合，而更像是 A+N 组合，正如前文表 3–2 所示，存在 1+2 音节模式的形 + 名偏正结构并不奇怪。

二、述补结构

形容词做补语的述补结构也存在明显的词汇弹性现象。如（11）所示的述补结构，补语是双音节形容词（比如“严实、整齐、透彻、结实、断开、湿透、粉碎”等）时，结构不合法。补语换成意义基本相同的单音节形容词时，结构都合法。

（11）* 关严实窗户	关严窗户
* 摆整齐桌子	摆齐桌子
* 想透彻问题	想透问题
* 绑结实箱子	把箱子绑结实
* 风刮断开了电线	风刮断了电线
* 雨淋湿透了他的衣服	雨淋湿了他的衣服
* 张三打粉碎了玻璃杯	张三打碎了玻璃杯
* 他熬通红了眼	他熬红了眼
* 他哭嘶哑了嗓子	他哭哑了嗓子

从弹性词的角度看，（11a）的现象可以表述为：在“述＋补＋宾（V+R+O）”结构中（“R”表示补语），“补”只能是弹性词对中的单音节成分，当“补”后没有“宾”成分时，弹性词对中的长短两个形式都是合法的。为什么“补”后有“宾”成分时，“补”只能是弹性词对中的短形式（单音节）？显然，无论句法还是语义，都很难将“关严”与“关严实”有机地区分开来并清楚地回答这一问题，韵律语法研究对这一问题给出了令人满意的回答。

董秀芳（1998）首先对这一现象进行了分析，她的基本看法是动词后面不允许出现两个不能轻读的成分，具体分析如下。

（12）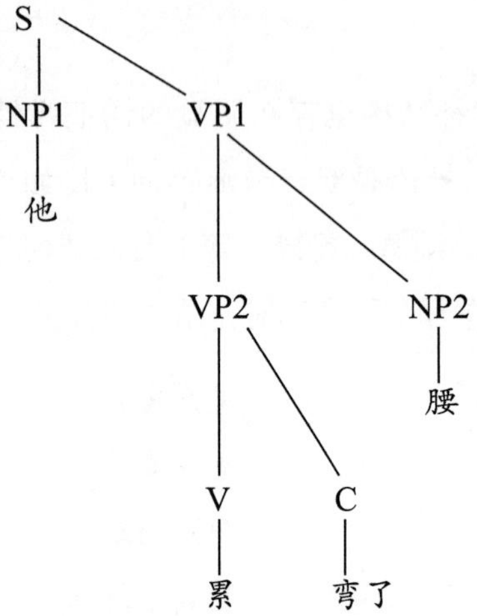

其中，V 代表述语，C（complement）代表补语。C 和 V 构成一对直接成分。根据重音指派规则（冯胜利，1996a），V 会首先把重音指派给 C，这样宾语 NP2 就得不到重音。宾语往往代表的是新信息，一般情况下不能轻读，而得不到重音又不能轻读的成分是不能在句末存留的，因此宾语 NP2 只能被规则删除。要想使述补结构带上宾语，即保留 NP2，就要设法取消 C 获得重音的资格。由于 C 也是非弱读成分，要做到这一点，唯一的途径就是使 V 和 C 整合成为一个成分，充当重音的指派者，为宾语指派重音。这样，汉语的韵律规则就要求并决定了述补结构必须作为一个成分存在。可见，如果把“述”和“补”分析成两个成分，句子就不可能满足普通重音指派规则的要求，那么与这一规则相冲突的句子就会在韵律层面上被排除。但述补带宾句式是被汉语语法所允许的，这就迫使我们做另外的分析：普通重音指派规则与句法构造相互作用使句法结构发生变化。

韵律要求述补结构整合成一个成分，要达到这一要求，就需要有一个句法操作，这种操作就是在韵律要求下促成的贴附式移位（Ciltic movement）。贴附式移位使得述语移向补语，合并在补语的结点（node）之下，这样，述补结构就由底层的 V-C 组成的 V’变成了表层的 V。我们称这个表层的述补结构为一个“复杂动词”。移位过程可简略图示为（13）。

（13）

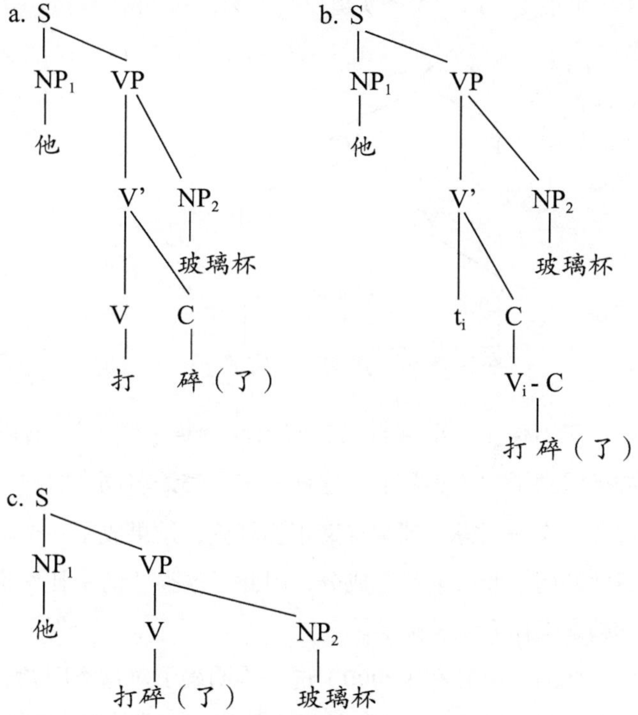

（13a）所示的是底层结构，（13b）显示了贴附式移位的过程，t（trace）代表述语移位后留下的语迹，（13c）为移位后形成的表层结构。

（13）所示的这种贴附式移位有语音上的条件限制：只有当V和C都是单音节时，V向C的贴附才能顺利实现，也就是说V与C必须构成一个韵律词。这样，补语是单音节时，“述＋补”是一个合成词，结构的表层形式完全满足韵律语法的要求；而当补语是双音节时，“述＋补”不能发生贴附式移位，不能生成合成词，所以表层形式中出现了两个不能弱读的成分，最终导致句子不可接受。以“关严实窗户”为例，其句法结构如（14）所示。

（14）

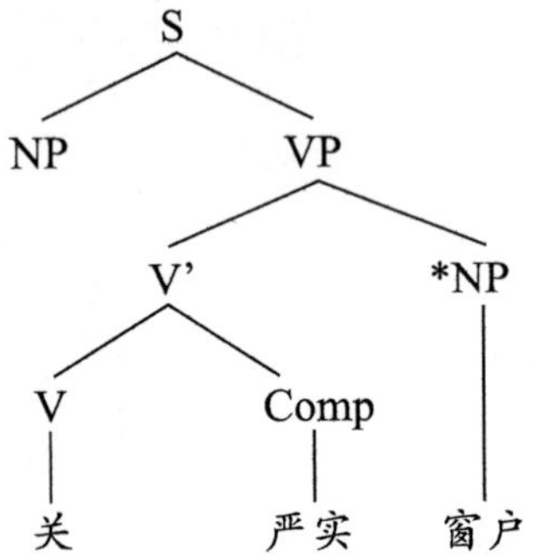

该结构中，动词直接支配的成分是“严实”，所以普通重音被指派到了“严实”上。这样一来，宾语名词“窗户”便得不到重音。宾语既得不到重音又不能轻读，结果成了一个挂在重音范域之外的“非法重音”成分，因此，这类“动＋补＋宾”的句子读起来都让人无法接受。

此后，冯胜利（2000）进一步明确了对这类问题的分析，其基本分析思路为：“VR”是最小韵律词，最小韵律词可以合并成为句法词，而“VRR”不是最小韵律词，不可能合并成为句法词[①]。它们的句法性质来源于它们的韵律结构。因此，从句法上说，“VRR”短语不能后带宾语，不仅是因为它们违背了句法规则，更重要的是为韵律规则所不容。正因如此，它们并非不能携带“宾语”（语义上允许，比如用“把”字句），而只是不能“后带宾语”。而它们之所以不能“后带宾语”，是因为动 + 补短语本身充当了该句的重音范域，因此不容再“外挂重音”。然而双音节的动补形式则不然——它们可以再带一个宾语，因为只有单音节补语可以经过贴附运作与动词合成一个“复杂动词”。

（15）

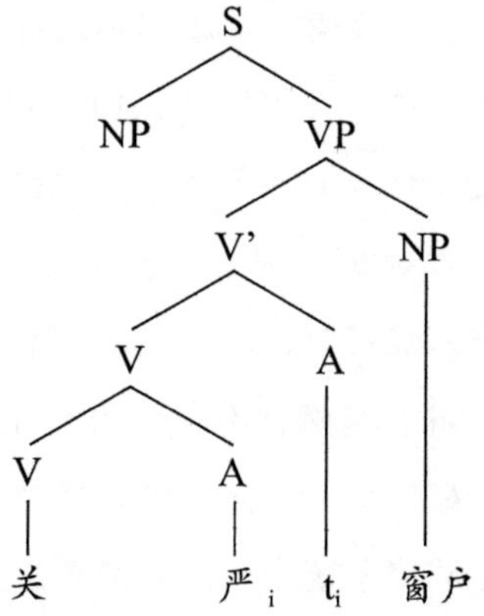

如（15）所示，在句法结构中，词没有分枝。贴附以后，“关严”变成一个句法词，所以是一个独立的句法单位，充当句子中指派核心重音的动词。于是“关严 + 窗户”构成该句最后的核心 VP（或该句的重音范域）。根据重音指派规则，“关严”既然是一个动词，自然可将普通重音指派给它的补述语“窗户”，于是生

① 关于“句法词”的相关研究，请参见本套丛书中庄会彬所著的《汉语的句法词》分册。

成“关严窗户”这样合法的句子。这就是为什么当补语是一个单音节词时，宾语才可以在动补形式之后出现——“关严”为双音节，可以构成一个韵律词。

可以发现，以上分析的核心是“VR”可以合并为句法词，而“VRR”不能合并为句法词，只能是短语。那么我们有无证据说明“关严实”就是短语，而“关严”是句法词呢？针对这一问题，韵律语法也进行了深入探讨。

董秀芳（1998）、冯胜利（2000）的研究都对这一问题有所讨论。这一现象的内在原因是“汉语的合成词必须首先是一个韵律词，尽管韵律词不必都是合成词”（冯胜利，1996b）。根据这一原则，任一动 + 补结构要成为合成词，那么它必须首先是一个韵律词。换言之，如果它不是韵律词，那么它就不是一个合成词。汉语中的动补合成词一律都是双音节，没有两个音节以上的动补韵律词（或 VR 韵律词）。如此，自然就不存在两个音节以上的动补复合词 / 合成词。这意味着三音节动补结构必将被排斥于复合词之外。于是，我们可以在韵律系统中，以音节数量的多少来确定合成词与非合成词（亦即短语）[①]。

韵律语法对这一问题的研究中，也注意到了一些不同的语料。比如以下各例。

（16）摆齐　*摆放齐　　提高　*提拔高

压碎　*压挤碎　　修正　*修改正

扩大　*扩充大　　站稳　*站立稳

---

① 更多相关内容请参看本套丛书中裴雨来所著的《汉语的韵律词》分册。

我们认为，（16）中的语料虽与前文所示的“V+R、V+RR”不同，但前文的讨论同样适用于它们。（16）中语料的核心问题并不是能否后带宾语的问题，而是为什么三音节的“VV+R”（2+1）述补结构不合法的问题。虽然述补结构“V+R”和“V+RR”在能否后带宾语方面表现不同，但它们后面无宾语时都是合法的。

我们认为，“VV+R”不合法的原因类似于“*种植蒜、*浇灌花”等例，详细讨论将在下一节中说明。

还要说明“V+RR”不能后带宾语不是“V+RR”语义上不允许。“V+RR”可以带受事论元，比如以下（17b）中双音节补语后带宾语的各例基本都不自然，而（17a）中将宾语置于述补结构前的各例则完全合法。

（17）

	a.	b.
问糊涂	你把我问糊涂了	？？你问糊涂我了
说秃噜	别把话说秃噜了	？？别说秃噜了话
闹大发	你把事情闹大发了	*你闹大发了事情了
绑结实	把绳子绑结实了	*绑结实了绳子
打牢固	把基础打牢固	*打牢固基础
写通顺	把文章写通顺	*写通顺文章
变坚强	把年轻人变坚强了	*变坚强了年轻人
搞复杂	把问题搞复杂了	*搞复杂了问题
说简单	把问题说简单了	*说简单了问题
说流利	你要把英文说流利	*你要说流利英文
说含蓄	把话说含蓄一点	*说含蓄一点话

过美满　把生活过美满　　　　*过美满生活

想全面　你得把困难想全面　　*你得想全面困难

洗糟践　他把衣服洗糟践了　　？？他洗糟践了衣服

最后，本章有必要说明一下“*开玩笑张三”与“*关严实窗户”之间的关系。二者看起来毫无关系，其实它们在理论上是相同原则的不同表现。“*开玩笑张三”这类结构不合法，也是韵律决定“V+RR+宾语”结构合法与否分析的一个佐证。

双音节“V+R”跟三音节“V+RR”的对立充分说明：只有两个音节的“V+R”才可以合并成为句法词，进而指派核心重音，三个音节的“V+RR”绝不能合并成句法词，因而无法向其后的宾语成分指派核心重音。这一结构是否合法由核心重音指派决定，而非句法语义原因决定，这是典型的韵律决定分析。例（18）更进一步验证了以上的分析。

例（18）中的“V+NN”，从意义上看都属于现代汉语中的词汇，但因为超过了最小韵律词的二音节长度限制，不能合并为复合词，实际的句法表现更接近短语。

（18）泡蘑菇　　*泡蘑菇张三

开玩笑　　*开玩笑张三

跑龙套　　*跑龙套张三

有些句法理论认为“开玩笑”不能带宾语（*开玩笑他），是因为“开”的宾语是“玩笑”，所以不能再带一个宾语。然而问题的关键是：为什么“开玩笑”这类“V+NN”不能像“得罪”这类“V+N”一样，通过词化而后带上宾语呢（如“得罪了张三”）？显然，如果“开玩笑”可词化，那么它就可以像“得罪”这类词一样携带宾语。当然，可以说“开玩笑”一类形式可以词化，但是词化的结果是不及物动词，所以不能带宾语。但这依然不能令人满意，因为“开玩笑”这类形式只能词化为不及物动词，而从来不能变成及物动词的原因，同样需要说明。所以问题的关键不是因为“开玩笑”是一个短语或者是一个不及物动词，才不能带宾语，而在于为什么“开玩笑”跟“得罪”如此对立，为什么“开玩笑”压根儿不能“及物”。

所以，（18）所示的“V+NN”类型与前述“V+RR”类（擦净／擦干净）不能带宾语的原因，本质上相同：它们都不能词化。而它们之所以不能词化，是因为韵律结构不允许一个三音节的“V+RR”形式构成韵律词（详见冯胜利，1996b、1998）。“合成词必须首先是一个韵律词”，那么“V+RR”要成为复合词，就必须首先满足（符合自然音步的）韵律词的要求。如果“V+RR”根本就不能成为一个韵律词，自然就不能成为复合词了。如果它们不是复合词，根据普通重音的指派规则，当然不能后带宾语。总之，是韵律构词系统决定了三音节的“V+RR”结构不能成词而只能是短语的命运。

综上所述，动补结构能否后带宾语的关键，取决于该形式的韵律结构：双音节动补可以合并成句法词，而三音节动补不能合并成句法词，是词则可带宾语，是短语则不可带宾语。“可与不可”的抉择，究其根本不是句法而是韵律。换言之，是韵律构词法和普通重音在起作用。

以上关于述宾结构、述补结构受韵律制约的分析，揭示了弹性词运作机制的一个重要内容：核心重音对句法词、对最小韵律词的限制，要求动宾结构、动补结构中的动词与其后的宾语或补语的音节数之和不能大于二。两个成分的音节数之和不能大于二，这要求两个成分都必须是单音节的短形式，而不能是双音节或多音节的长形式——这是韵律限制了对长形式、短形式的选用。

三、宾语位置的弹性词分布

对宾语位置敏感的弹性词现象，主要是指如（19）所示的各例，其中 2+1 音节模式的述宾结构组合都不合法。

（19）	修理公路	修路	*修理路	修公路
	清理仓库	清仓	*清理仓	清仓库
	增加薪水	加薪	*增加薪	加薪水
	缝制衣服	缝衣	*缝制衣	缝衣服
	收割小麦	收麦	*收割麦	收小麦
	收购粮食	购粮	*收购粮	收粮食
	阅读报纸	读报	*阅读报	读报纸
	选择课程	选课	*选择课	选课程
	浇灌花草	浇花	*浇灌花	浇花草
	种植大蒜	种蒜	*种植蒜	种大蒜
	砍伐树木	砍树	*砍伐树	砍树木
	埋葬死猫	埋猫	*埋葬猫	埋死猫

从弹性词的角度来看，（19）呈现的问题是宾语位置的音节数受限。弹性对的长短形式中，长形式在宾语的位置可以不受限

制地出现，而短形式在宾语位置只能受限制地出现。

对于（19）的现象，有学者以词汇的风格色彩来解释（李临定，1990）。这种观点认为，（19）中第三列之所以不能成立是因为动词跟宾语的“风格”不搭配：双音节词汇多在书面语中使用，如“种植、浇灌”等等；而单音节词汇多在口语中使用，如“树、花、钱”等等。如果拿一个口语里的词汇跟一个书面语中的词汇搭配，因为风格上有冲突，就显得不伦不类。

这种解释很有道理。但是这里要指出的是，这种解释存在一些明显的反例，如（20）所示。

（20）a. * 他们正在浇灌花。

b. 他们正在浇灌大白菜。

如果说（20a）“* 浇灌花”不能成立是因为“浇灌”的风格跟“花”不一致，那么为什么（20b）“浇灌大白菜”却顺口得多呢？“花”和“大白菜”相比，恐怕“大白菜”在口语化上并不比“花”差，甚至更加口语一些。但实际情况却是“浇灌大白菜”好一些，而“* 浇灌花”不可接受。另外，换个角度思考，如果双音形式跟单音形式的风格差异，即组合中成分的风格冲突是导致 2+1 组合不合法的原因，那么 1+2 音节模式的动宾组合中，单音节动词也一定更加口语一些，双音节宾语名词一定更加正式一些，这也必然面临组合中成分风格冲突的问题，然而绝大部分 1+2 式动宾都可以成立。正如吕叔湘（1963）所说，“三音节的动宾组合是‘1+2’式多于‘2+1’式”，“风格说”根本无法解释为什么 1+2 音节模式的动宾结构多于 2+1 音节模式的动宾结构。

综合来看，风格差异造成组合冲突看起来并不能解释例（19）所示的问题。下文中将详细说明，从韵律角度来看，造成（19）所示现象的原因是：1+2 式符合普通重音的要求，而 2+1 式很容易导致“扬抑”结构，以致普通重音无法实现。

风格冲突的解释虽不能真正回答例（19）中第三列为什么不合法的问题，不过风格存在差异的语感是确实存在的。双音节词汇确实在风格上显得郑重，即《马氏文通》所谓“古籍中诸名，往往取双字同义者，或两字对待者，较单辞只字，其辞气稍觉浑厚”。为什么“双字”的辞气比“单辞只字”浑厚呢？郭绍虞（1938）说得很明白，“复词音节总较单词为强一些”。因此，双音节词在风格上之所以显得浑厚庄重，其原因在于韵律：“强”是“因”，“浑厚”是其“用”。

我们在前文中曾明确说明，本书讨论的弹性现象是指语法范畴内的现象，并不包括修辞层面的现象。即本书主要讨论弹性对中的长形式和短形式的使用合法还是不合法的问题，而不涉及行文使用中的美或不美的问题。虽然我们承认单双音节词汇的风格差异，但就（19）的现象而言，此处所说的这种差异更多属于语言使用中的美或不美的问题，而不属于合法或不合法的问题。当然，风格差异也会导致合法与不合法的问题，相关研究请参看本丛书中的其他分册。

韵律语法研究认为，决定（19）所示现象的关键是核心重音理论。核心重音理论在前文（第二章第二节）中已经提及，现重述如下：

给定两个姊妹节点 Ci 和 Cj，若 Ci 和 Cj 为选择次序（selectionally ordered），且彼此管辖（mutually govern），那么 Cj 则较凸显（prominent）。

其中动词与其宾语构成姊妹节点，根据核心重音理论，宾语相对凸显。双音节成分能够满足相对凸显的要求，所以当宾语是双音节时，无论动词是几个音节，结构都合法。

而当宾语是弹性词对中的短形式，即单音节，动词却为双音节时，动词与宾语仍构成姊妹节点，但其中的单音节宾语的音节数量少于双音节动词，所以如（21）所示，动词与宾语构成扬抑格，结构中被选择的单音节宾语节点无法实现凸显，这导致 2+1 述宾结构不合法。

（21）

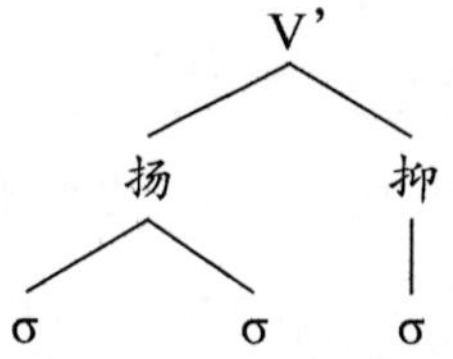

韵律语法注意到了现代汉语中 2+1 音节模式的述宾结构事实上存在，比如（22）中各例。

（22）喜欢猫　吓唬人　糟蹋钱　害怕鬼　研究马

（22）中合法的 2+1 式组合并不是前文根据核心重音理论所做分析的反例，因为其中的双音节动词“2”与（19）中各例的双音节动词“2”并不相同，详见（23）。

（23） 2+1 2·+1

*修理路 喜·欢猫

*清理仓 吓·唬人

*种植树 糟·蹋钱

*收割麦 害·怕鬼

*砍伐树 研·究马

（23）左列各例中的双音节动词，重音都在第二个音节上；右列各例中的双音节动词的第二个成分都失去了原有的声调，重音在第一个成分上。它们之间的区别是：前一类是分量实足的双音词，因此构成一个"实足音步"；后一类的双音词因第二个音节是一个轻读或轻声字，其韵律重量明显不足，所以是个"残音步"（第二个音节是轻声的双音词的长度有时只相当于一个音节，详见林焘，1990）。双音节动词的分量如残损不足，单音节宾语便可以与之争雄，充当普通重音的代表，使整个结构不会出现扬抑格韵律。这就是为什么通常的2+1音节模式的动宾组合不合法，而（22）中各例合法的原因。

本部分讨论的宾语音节数限制也反映了弹性词现象的运作机制：宾语使用长形式还是短形式取决于述宾结构整体是否满足核心重音规则的要求。如果动词为长形式，宾语名词也只能是长形式——长短形式的选用是韵律因素决定的。

四、状语位置的弹性词分布

这一部分讨论副词做状语的弹性词长短形式分布问题。具体如例（24）所示，其中示例选自洪爽（2010）。

（24）a. 自由搭配型

常来—常常来	常来往—常常来往
刚来—刚刚来	刚离开—刚刚离开
将够—将将够	将够用—将将够用
偏去—偏偏去	偏离开—偏偏离开

b. 部分限制型Ⅰ

白费—* 白白费	白浪费—白白浪费
明知—* 明明知	明知道—明明知道
单靠—* 单单靠	单依靠—单单依靠
独处—* 独独处	独不然—独独不然
远及—* 远远及	远不及—远远不及
仅见—* 仅仅见	仅看见—仅仅看见
各有—* 各各有	各分离—各各分离

c. 部分限制型Ⅱ

足够—足足够	* 足装满—足足装满
统吃—统统吃	* 统吃掉—统统吃掉
偷溜—偷偷溜	* 偷溜走—偷偷溜走

d. 严格限制型

大赞—* 大大赞	* 大夸奖—大大夸奖
渐增—* 渐渐增	* 渐增加—渐渐增加
连任—* 连连任	* 连道歉—连连道歉
屡败—* 屡屡败	* 屡失败—屡屡失败
略知—* 略略知	* 略知道—略略知道
默背—* 默默背	* 默背诵—默默背诵

频传—*频频传　　*频传送—频频传送

时有—*时时有　　*时更新—时时更新

微调—*微微调　　*微调整—微微调整

稍增—*稍稍增　　*稍增加—稍稍增加

切记—*切切记　　*切铭记—切切铭记

恰逢—*恰恰逢　　*恰相逢—恰恰相逢

每逢—*每每逢　　*每相逢—每每相逢

对（24）进行初步概括，可以得到表 3–3。

表 3–3　副词状语与动词组合限制表

类型	例词	音节组合			
		1+1	1+2	2+1	2+2
自由搭配型	刚 / 刚刚	+	+	+	+
部分限制型	足 / 足足	+	–	+	+
	明 / 明明	+	+	–	+
严格限制型	频 / 频频	+	–	–	+

注：表格中“+”表示满足这一限制的要求，“–”表示不满足该项限制。

表 3–3 很清晰地说明了弹性词长短形式的分布限制。洪爽（2010）认为，导致这一限制的根本原因是冯胜利（1997）提出的“普通重音规则”作用的结果。具体分析如下：

虽然在传统结构主义语法中，表 3–3 中的各项都被称为状中关系，但根据状语与谓语之间能否插入“地”，可以把它们区分为两种不同的结构：中间可以插入“地”的状中结构是功能词“地”为核心的功能词最大投射，如（25a）所示；中间不可以插入“地”的状中结构是副词附接在谓语动词上的修饰性结构，如

（25b）所示。

（25）a.

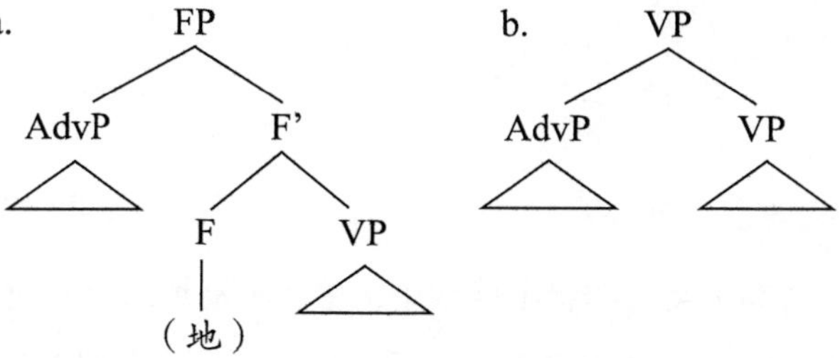

结构（25a）中的副词性成分 AdvP 是基础结构的一部分，（25b）中的副词性成分 AdvP 则是修饰结构的一部分。冯胜利（1997）提出，普通重音规则适用于基础结构，而不适用于修饰结构。比如冯文在对“* 把他打”和“跟党走”进行分析时认为，其中“把他”是基础结构的一部分，单音节“打”无法满足普通重音要求，所以“把他打”不合法；“跟党”是修饰结构的一部分，单音节“走”不违反普通重音规则，所以结构合法。

（26）a. 基础结构

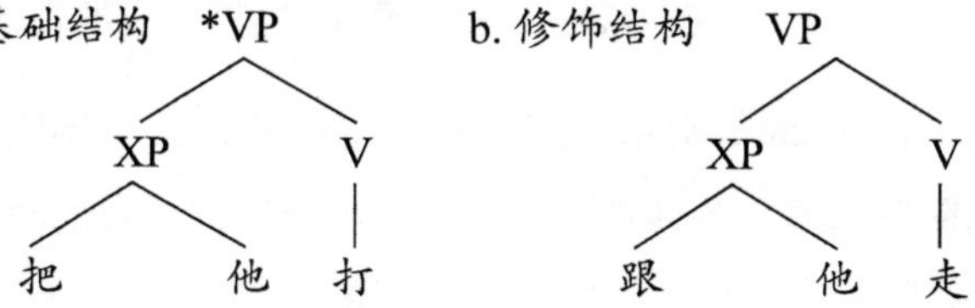

由此，根据冯胜利（1997），（25a）类型的状中结构必须满足普通重音的要求，即 VP 相对于 AdvP 必须更加凸显。所以此种类型的状中结构中，状语 AdvP 的音节数不能多于 VP，否则 VP 无法比 AdvP 凸显。这决定了这类状中结构只有 1+1、1+2、2+2 三种模式合法，详见（27）。

（27）a. b.

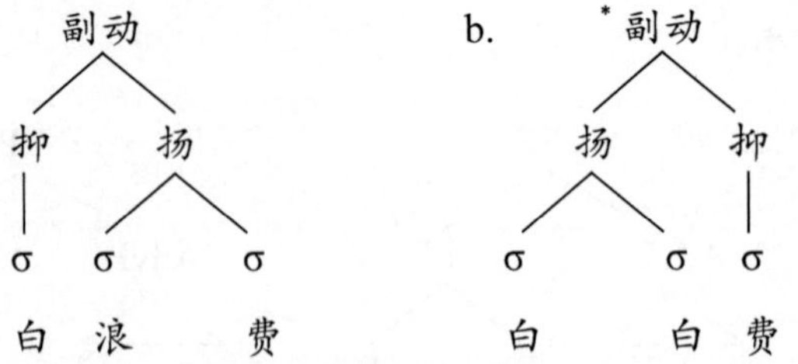

（25a）类型的状中结构中，单音节动词后有宾语时，结构会变得合法，也是普通重音作用的结果，因为此时 VP 已经不是单音节，其满足了凸显的条件。详见（28）。

（28）

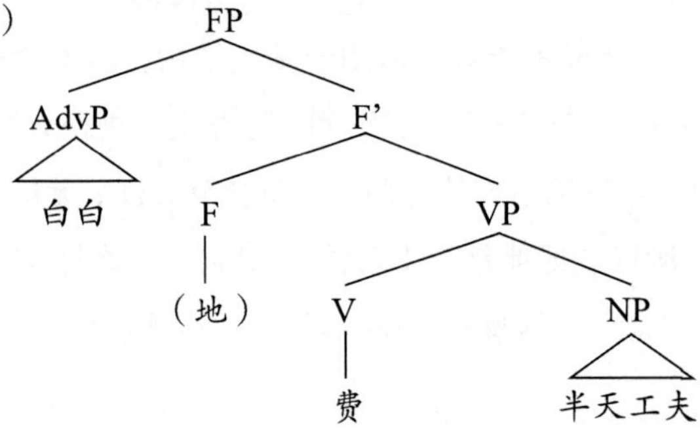

而（25b）类型，因为是修饰结构，所以不受普通重音规则的限制，所以各种音节组合的状中结构都是合法的，详见（29）。

（29）a. b.

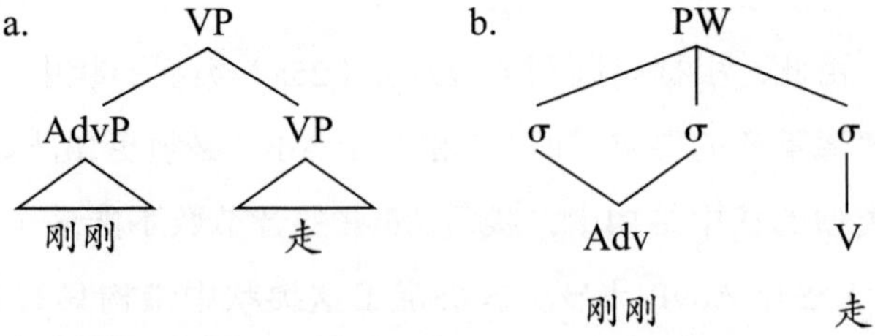

通过对状语位置长形式、短形式使用限制的分析，我们可以

清楚地看到韵律因素在决定长短形式选用中的作用。

综上所述，现代汉语的某些结构中、某些句法位置出现长形式还是短形式受到严格的限制，对其中长短形式限制的根本机制是核心重音的作用。

第二节　弹性词长与语序对应关系分析

一、含动复合词

这一节所说的含动复合词是指组成成分中至少包含一个动词性成分的复合词，比如“纸张粉碎机、出租车乘降站、碎纸机、笔记本电脑水冷散热器、教师休息室、重要机密信息高安全性存储硬盘、会议记录专用档案本”等。在这类复合词中，弹性词对的长形式和短形式对成分顺序非常敏感。示例见（30）。

（30）a. 纸张粉碎机　　b.* 纸张碎机
c. 碎纸机　　d.* 粉碎纸张机
* 纸粉碎机　　* 碎纸张机
* 纸碎机　　* 粉碎纸机

如果我们分别以 N、V、H 来表示含动复合词中的名词性成分（如“纸张、纸”）、动词性成分（如“粉碎、碎”）及复合词核心成分（如“机”）这三部分，那么“纸张粉碎机”可表示为“N+V+H”，“碎纸机”可表示为“V+N+H”。三者中，N 又可以分为 Np 和 Na 两类，其中 Np 代表具有更多原型受事（proto-patient）特征的N，Na代表具有更多原型施事（proto-agent）特征的 N（参见 Dowty，1991）。比如，“纸张粉碎机”中“纸张”具有“经历变化”（undergoes change of state）的原型受事特征，表示为 Np；“教师休息室”中“教师”具有“主动参与”（volitional involvement in the event or state）的原型施事特征，表示为 Na。N、V、H 的音节数用数字表示，如 V 是双音节，表示为 V2，Np 是四音节，表示为 Np4，等等。于是，（31a）中的各例含动复合词可对应表示为（31b）。

（31）a. 纸张 + 粉碎 + 机	b. Np2+V2+H1
碎 + 纸 + 机	V1+Np1+H1
三年级教师 + 休息 + 室	Na5+V2+H1
支线公共汽车 + 乘降 + 区域	Np6+V2+H2
公共餐具 + 蒸汽消毒 + 柜	Np4+V4+H1
棉麻毛纺织品 + 批发零售 + 市场	Np6+V4+H2
美国人权状况 + 调查 + 白皮书	Np6+V2+H3

毫无疑问，含动复合词中弹性的长形式和短形式出现与否的限制是韵律因素，具体论述可参见张国宪（1989a、1989b、1989c、1997），Duanmu（1997），端木三（1999、2007），冯胜利（2001c、2004），周韧（2006），王洪君（2001、2008），裴雨来、邱金萍、吴云芳（2010）等。裴雨来、邱金萍（2015）穷尽列举了这类复合词的各种类型，见例（32），并将长形式、短形式的出现限制描写为表 3–4。

（32）a. V1+Np1+H1/2（/3）

卸货区　购物指南　上网密码　探月白皮书

b. Npn（n ≥ 2）+Vn（n ≥ 2）+H1/2（/3）

家具清洗液　硬盘数据保护卡　自然环境修复网　公共餐具蒸汽消毒柜　外文图书馆际互借证　疾病预防控制站　出入境证件开票确认处　家居建材团购砍价会　社保管理机构　火车票代售系统　公共交通调度中心　棉麻毛纺织品批发市场　玻璃墙清洗维护人员　高校研究型人才教育培养办法　航天器手控对接专业支持小组

c. Na1+V1+H1/2（/3）

干休所　车载雷达　手持电话

d. Nan（n ≥ 2）+Vn（n ≥ 2）+H1/2（/3）

教师休息室　顾客留言簿　领导专用车辆　驾驶员操控杆　儿童免费乘车线

表 3–4　汉语含动复合词特点

音节模式 / 复合词类型	单 + 单 + H	非单 + 非单 + H	单 + 非单 + H	非单 + 单 + H	H 长度
Np+V+H	−	+	−	−	≤ 3
V+Np+H	+	−	−	−	≤ 3
Na+V+H	+	+	−	−	≤ 3

韵律语法框架内，含动复合词中成分的顺序与弹性词长形式、短形式的共现关系有很多研究，其中以 Duanmu（1997）的“辅重”说为最早，该理论的具体内容如下所示。

a. 左重：复合词重音在最左边的成分上。

b. 两拍步：两个音节组成一个音步，单音节只有在后有停顿时可独立组成音步，否则并入邻近的音步。

c. 辅重：各层结构的辅助成分重，中心成分轻，如定语重于中心语，宾语重于述语。但“辅重”在单音步内无效。

d. 多轮循环：有语法结构的复合词和短语按语法结构的层次多轮次地施用上述规则。

e. 直接成分合格：复合词的直接构成成分必须是合格的。

根据上述规则，“* 粉碎纸张机”之所以不成立，是因为“辅重”要求复合词重音落在中间的宾语性成分“纸张”上，“左重”要求复合词重音落在最左边的“粉碎”上。“辅重”和“左重”要求得到的重音互相冲突，最终导致复合词整体不正确。而如果“纸张”前移，构成“纸张粉碎机”，无论根据“左重”还是“辅重”要求，重音都落在“纸张”上，所以复合词正确。

冯胜利（2004）提出了不同于 Duanmu（1997）的处理方案，其主要利用“音步组向”来解决含动复合词的构成问题。该理论可以表述为：

a.[宾 + 动 + 名] 的组合是构词形式；

b. 构词形式一律是左起音步（→）；

c. 动宾短语的音步组合均从右起（←）；

d.[1+1] 型音节组合是无向音步。

由此，“* 粉碎纸张机”可分析为：

*[[粉碎 纸张] 机]

[←动宾短语音步组向]

[构词音步组向→]

*[构词音步组向→←动宾短语音步组向]

“* 粉碎 + 纸张 + 机”是多音节 [动 + 宾 + 名] 的非法形式。根据“音步组向”规则，[动 + 宾 + 名] 中 [动 + 宾] 的音步组向是“[←右起]”。但“粉碎纸张机”整体属词汇形式，因此其中的音步组合必须一律“[→左起]”。复合词中的“动 + 宾”部分的音步组向与整个复合词的音步组合不同，这导致构词规则与短语规则彼此冲突，结果只能是复合词不合法。

裴雨来、邱金萍（2015）在前人研究的基础上进一步提出“音步相邻”及“自然音步限制”两条原则来解释相关现象。其具体分析如表 3–5 所示：

表 3–5　含动复合词生成韵律限制分析

类型	示例	音步相邻	自然音步限制
V1+Np1+H	碎纸机　修车厂　洗碗工	+	+
V1+Np2+H	* 碎纸张机　* 修汽车厂 * 洗碗碟工	+	–
V2+Np1+H	* 粉碎纸机　* 修理车厂 * 清洗碗工	+	–
V2+Np2+H	* 粉碎纸张机 * 修理汽车厂 * 清洗碗碟工	–	+
Vn+Npn+H （n ≥ 2）	* 蒸汽消毒公用餐具柜 * 预防控制疾病站 * 修复自然环境网	–	+
Np1+V1+H	* 纸碎机　* 车修厂 * 碗洗工	不当移位	+
Np1+V2+H	* 纸粉碎机　* 车修理厂 * 碗清洗工	不当移位	–

续表

类型	示例	音步相邻	自然音步限制
Np2+V1+H	* 纸张碎机　* 汽车修厂 * 碗碟洗工	不当移位	–
Np2+V2+H	纸张粉碎机　汽车修理厂 碗碟清洗工	+	+
Npn+Vn+H （n ≥ 2）	公用餐具蒸汽消毒柜 疾病预防控制站 自然环境修复网	+	+
Na1+V1+H	童游区　干休所　车载雷达	+	+
Na1+V2+H	* 童游戏区　* 干休养所 * 车载运雷达	+	–
Na2+V1+H	* 儿童游区　* 干部休所 * 车辆载雷达	+	–
Na2+V2+H	儿童游戏区　干部休养所 车辆载运雷达	+	+
Nan+Vn+H （n ≥ 2）	驾驶员操控杆 儿童免费乘车线 顾客留言簿	+	+
Npn+V3+H （n ≥ 2）	* 玻璃幕墙洗维护工具 * 公共产品批发售中心 * 流浪者安置帮站	+	–

关于含动复合词的更加深入的分析，请参看裴雨来、邱金萍（2015）及本套丛书中裴雨来所著的《汉语的韵律词》分册。

从以上分析可以看出，含动复合词现象表现出的特定语序与长短形式选用的对应中，VN 式修饰语中的 V 和 N 都必须是短形式，NV 式修饰语中的 N 和 V 则必须都是长形式。长短形式选用所受限制的根本原因同样是体现为“音步”要求的韵律作用。

二、多项非动修饰复合词

这一节主要讨论汉语中的多项非动修饰复合词，“多项”是指有多项修饰语，“非动”指修饰语中不包含动词性成分——区别于含动复合词。具体示例如（33）所示。

（33）汉语大词典　　*汉语大型词典
　　*大汉语词典　　大型汉语词典
　　防寒皮大衣　　？防寒羊皮大衣
　　*皮防寒大衣　　羊皮防寒大衣

“大”和“大型”是一对弹性词，“皮”和“羊皮”是一对弹性词，在（33）所示的复合词例中，弹性词对中的单音节短形式和双音节长形式与其他修饰语的相对顺序并不相同，这类现象也是弹性词与词序相关的重要内容。

通常，多项修饰语的顺序是按语义排列的，比如 Sproat and Shih（1991）的研究广为人知，陆丙甫（1993）等研究将多项修饰成分的排列顺序进一步推向深入。大体来说，汉语多项修饰成分的次序按如下语义顺序排列：

新旧＞大小＞颜色＞形状、气味＞属性＞时间、处所＞材料＞用途＞中心词

其中语义顺序是说当一个中心词受多个定语修饰时，表示“新旧”义的定语离中心词最远，表示“用途”义的定语离中心词最近。比如“旧/新型、圆、自动”分别表示“新旧、形状、

属性”，因此按照“新旧”在前，“形状”或“属性”更靠近中心词的语义顺序排列，所以，与上述语义顺序一致的（34a）是正确的表达形式，不一致的（34b）则不合法。

（34）a. 旧圆碗　　　　　新型自动洗衣机

　　　b. * 圆旧碗　　　　* 自动新型洗衣机

然而，当多项修饰语的音节数不相同时，上述多项定语排序就不是必然正确了。这一点在（33）中的示例已经有所体现，“汉语、防寒”分别是中心语“词典、大衣”的“属性”和“用途”，而“大型 / 大”和“羊皮 / 皮”则分别是“词典、大衣”的“大小”和“材料”。按上文的语义顺序，“大型汉语词典 / 大汉语词典、羊皮防寒大衣 / 皮防寒大衣”应是正确的多项定语的排列顺序，但实际情况并非如此，当“大型、羊皮”变为“大、皮”时，修饰语的顺序改变很明显。对这类现象，在韵律语法框架内，Duanmu（1997）、端木三（2000）、冯胜利（1997、2000）都进行过深入的研究。

Duanmu（1997）、端木三（2000）提出利用“左重原则”与“辅重必双规则”来解释上述多项定语中单音节项位置变化的现象。根据“左重原则”，汉语的主重音应该落在音步的左边音节上，即“大汉语词典”的主重音应该落在“大”上，但这样就违反了“辅重必双规则”。因此只有将“大”向后移位，变成“汉语大词典”，由“汉语”获得主重音，这样正好满足“左重原则”，同时也不违反“辅重必双规则”的要求。“左重原则”与“辅重必双规则”还可以解释经典的“北四川路”变为“四川北路”的问题（“四川北路”事实上是“四川路”的北段，从语义上说应该表达为“北四川路”，但实际的路名是“四川北路”）。

冯胜利（1998、2000、2001a、2001b）提出了不同的处理方案。冯胜利（1998）提出了汉语中不受句法、语义影响的自然音步，并明确自然音步应遵守如下所示规则。

a. 两个音节组成一个独立的音步；

b. 三个音节也组成一个独立的音步，因为 1+2 跟 2+1 都不能说；

c. 四字串必须分为 2+2 格式，因为没有 1+3 或 3+1 等可说形式；

d. 五字串只能组成 2+3 形式，因为 3+2 的节律不能说。

根据这些基本规则，冯文又推导出如下“派生规则”：

a. 单音节形式不足以构成独立的音步；

b. 汉语的自然节律中不存在 1+1+2、2+1+1、1+2+1 等形式；

c. 汉语的自然节律中不存在 1+2+2、2+2+1、2+1+2 等形式；

d. 汉语自然音步的实现方向是由左向右。

冯胜利（2001a、2001b）认为，复合词首先应该是一个韵律词，也就是其音步构成需要符合自然音步的节律特征，这是复合词能够成立的必要条件，简称“自然音步规则”。“大汉语词典”（1+2+2）和“北四川路”（1+2+1）的音步构成模式都不符合自然音步规则，因此均是不好的结构，需要通过“大”和“北”的移位来满足作为韵律词的自然音步规则。即虽然语言中也有这样的四字串或者五字串，但是自然音步不会被动地接受句法和语义的管制，“北四川路”和“大汉语词典”所做的音节调整，是对自然音步的一种响应。

在以上韵律分析的基础上，柯航（2011）进行了进一步的讨论。她对这类现象进行了非常细致的讨论，发现有一些例子是“左重原则、辅重必双规则”以及“自然音步规则”无法解决的。比如根据以上的韵律要求，“冷排骨粥、老古玩店、黑皮革沙发、新智能手机”等都应该不合法，但实际上它们很自然地存在着。如（35）所示，现代汉语中虽然有很多语料遵守 Duanmu（1997）、端木三（2000）或冯胜利（1998、2000）提出的韵律要求，但还有很多语料并不遵守（或不完全遵守）这一要求。此外，如（35）右列所示，有些按韵律要求将单音节形式后移得到的复合结构，反而不合法。

（35）	黑皮革沙发	*皮革黑沙发
	旧羊皮挎包	？羊皮旧挎包
	大液晶电视	？液晶大电视
	红运动短裤	*运动红短裤
	甜红豆粥	*红豆甜粥
	新演员表	*演员新表
	大汽油桶	*汽油大桶
	棉休闲裤	休闲棉裤
	大汉语词典	汉语大词典
	？女运动装	运动女装

柯航（2011）将上述现象归因于语义，对表 3–6 的解释代表了她的观点。她对比了“XX大词典（大辞典）”和“大XX词典”

的收词量，结果发现“大XX词典”的收词量都比较大，而“XX大词典（大辞典）”的收词量则大小不一，多的达到35万，最少的只有6000。由此柯航（2011）认为，“大XX词典”主要强调收词量大，其中的“大”有物理属性的“大小”之义；“XX大词典”的“大”则并不强调收词数量多、体积大，而是指在相关范围内收词全面。例如《英语常见问题解答大词典》，虽然收词的绝对数量并不大，只有6000多个条目，但对于该词典的设计内容而言，已经搜罗甚广，因此可以称“大”。由此，“大XX词典”和“XX大词典”中“大”的位置的不同并不是韵律作用造成的，而是语义靠近原则或辨识度影响的结果（陆丙甫，1993、2005a、2005b、2005c；张敏，1998）。柯文对（35）中的其他各例也给出了同样的解释。

表3–6　词典名与收词量统计

词典名	收词量
《新牛津英汉双解大词典》	35.5万余条
《英汉双解大词典》（外语教学与研究出版社）	18.7万余条
《新时代汉语大词典》	近12万条
《英汉大词典》	10万余条
《朗氏德汉双解大词典》	6.6万余条
《高级英汉双解大词典》	4万余条
《英汉双解大词典》（外文出版社）	4万余条
《高级英汉大词典》	2.5万余条
《学生实用英汉大词典》	1.2万余条
《英语常见问题解答大词典》	6000条
《21世纪大英汉词典》	40万条

续表

词典名	收词量
《大英汉词典》	18 万条
《大俄汉词典》	15.8 万条
《大法汉词典》	12 万左右
《大德汉词典》	12 万左右

毫无疑问，柯航（2011）使我们对多项非动修饰复合词中修饰语的顺序问题有了更全面的认识，文中提出的语言现象成为后续研究的重要内容。不过，在赞同柯文分析的同时，我们必须进一步追问，这些语义分析的背后是否有别的因素在起作用？我们的答案是肯定的，其中起作用的因素可以称为“韵律的标示作用”。

韵律的标示作用是说韵律在语言生成与理解中起到的传达信息的作用。实验表明，即使听话人听到的句子不完整，也可以判断整个句子的长度。比如在句子“Earlier my sister took a dip./ Earlier my sister took a dip in the pool./ Earlier my sister took a dip in the pool at the club.”的“dip”处断开，让被试只听到前面的“Earlier my sister took a dip”这部分，听者也能够正确估计断开处后面的单词个数是 0 个、3 个还是 6 个。无疑，其做出判断的唯一线索是句子的韵律结构。

近年来，国际、国内关于韵律对语法标示作用的研究成果很多，主要包括三个方面。

其一，韵律在确定词边界、激活心理词库中的词汇、确定词的语法范畴等方面的标示作用。为了实现语言理解，人类必须根据某些线索在连续的语流中确定词边界，切分出词。而相对于成人，婴儿在确定词汇边界时所能利用的线索十分有限（韵律几乎是唯一的线索）。研究表明，母语为英语的儿童在确定词汇边界时利用了词重音，母语为法语的儿童则利用了音节。

其二，韵律在句法结构理解中如何起标示作用。这方面的研究主要集中在韵律对消解整体歧义（global ambiguity）或局部歧义（local ambiguity）所起的作用上。以韵律对局部歧义的消解为例，语段"John believes Mary"在句子"John believes Mary implicitly."与"John believes Mary to be a professor."中表示的意义完全不同，这个语段属于局部歧义。但实验表明，在实际交流中，人们即使只听到"John believes Mary"这一不完整语段，也能根据所附带的韵律信息判断它的意义，不会产生歧解。

其三，韵律在篇章结构的处理中起什么作用。首先，词汇在语篇中所实现的韵律形式会影响它在相应语篇中如何被理解。比如，句子"Mary said SHE/she deserved the scholarship and so did Cathy."中，代词"she"不重读时，"so did Cathy"的解读更倾向于"Cathy said Mary deserved the scholarship（Cathy 也说 Mary 应该得奖学金）"；而重读"SHE"时，则倾向于另外一种解读（Mary 说 Cathy 也应该得奖学金）。此外，重音位置（placement）、重音转移（shift）、去重音（de-accent）等韵律现象也是语篇结构（话题、述题等）及语句信息结构（information structure）（如新旧信息、焦点等）等内容的重要表现方式。

我们认为，例（34）所示的现象是韵律标示"词"与"语"作用的结果。冯胜利（1998、2001a、2001b）、沈家煊（2011）

都曾谈到汉语1+2形式的形名或名名结构为短语。这其中的原因，我们认为与自然音步（冯胜利，1998）及汉语韵律结构与语法结构的对应规律（Shih，1986；王洪君，2008；裴雨来，2016）有关。事实上，节律上的“1+X”结构一定是短语；如果不是短语，而是词汇形式，即使语法结构是“1+X”，其节律形式也一定会重新跨界形成“2/3+Y”的形式（典型的例子是“狐假虎威”，语法上是“狐 / 假虎威”，但节律上是“狐假 / 虎威”）。所以，（34）中的“1+X”音节模式的复合词，事实上是“单音节词 + 复合词”构成的短语结构。只有这种“词”与“语”的标示才能解释单音节形式位置不同带来的语义变化。比如“休闲裤”是一个词，所以“棉休闲裤”是“棉”的“休闲裤”；而“休闲棉裤”绝不等于“棉”的“休闲裤”，因为其中“棉裤”是一个词。“女运动装”和“运动女装”所指也并不相同。“新演员表、大汽油桶”之类是典型的短语，当然与“1+X”的韵律结构更匹配。

至于“大XX词典”与“XX大词典”中“大”的语义区别，就更是韵律标示“词”与“语”区分的结果了。“大XX词典”是“1+X”的短语韵律结构，所以其中的“大”只能表达“大”在短语中出现的意义——空间、体积等大；而“XX大词典”不是“1+X”的短语韵律结构，组合整体是复合词，唯有如此，其中的“大”才可以表达词汇特异性的意义——这种意义是“大”在“大的X”这类短语结构中不可能表达的。

本节所讨论的现象中，长短形式的选用与语序的对应关系在本质上是韵律标示作用的结果。这说明，长形式与短形式的选用，除语言编码系统的要求外，还要有利于语言解码。

第三节　语体制约弹性词长分析

一、非功能性弹性词受语体制约的现象

这一节讨论的现象都反映语体对非功能性弹性词的长形式和短形式使用的制约，我们讨论的语料如例（36）所示。

（36）a. * 改历史　　　　　改写历史

把文章改改　　　　* 把历史改写改写

改想法了　　　　　改变计划了

把想法改改　　　　* 把计划改变改变

* 想法改　　　　　计划改变

* 想法的改　　　　计划的改变

* 关于想法的改　　关于计划的改变

* 计划内容将进行改　　计划内容将进行改变

* 教材的编　　　　教材的编写

b. * 今天爸爸给我买和读了一本新书。

* 昨天领导组织大家买和看了新版宪法。

昨天领导组织大家购买和阅读了新版宪法。

c. 我校不雇非法移民。　　* 我学校不雇非法移民。

此校有明文规定。　　* 此学校有明文规定。

本校不收贵校学生。　　* 本学校不收贵学校学生。

一旦查实，立即离校。　　* 一旦查实，立即离学校。

明天新生才能入校报到。　* 明天新生才能入学校报到。

例（36a）中，“改”与“改写”、“改”与“改变”、“编”与“编写”构成弹性词对；例（36b）中，“买”和“购买”、“读”和“阅读”构成弹性词对；例（36c）中，“校”与“学校”构成弹性词对。韵律语法的研究成果表明，这些语料中反映的弹性词长形式和短形式分布限制是语体制约的结果，属语体语法的研究范围（参见冯胜利，2003a、2003b、2005、2006a、2010a、2010b、2012b、2013、2015；王永娜，2007、2008、2010、2011、2012a、2012b、2013；王永娜、冯胜利，2015；等等）

冯胜利（2010a、2013）对什么是语体进行了定义，他认为“语体是实现人类直接交际（面对面的现场交际）中最原始、最本质属性（亦即确定彼此之间关系和距离）的语言手段和机制”。这一定义包含几个方面的意思：其一，该定义的“语体”指的是“直接交际的手段”，直接交际的手段包括肢体语言、有声语言以及人类独具的“递归语言”。其二，语体是实现直接交际中“最原始、最本质”属性的手段，而直接交际的本质属性及最基本、最首要的条件是“确定和调节彼此之间的关系与距离”。

如果说人们的说话行为是交际的产物，那么任何话语行为都离不开语体——语体是话语行为中最具元生性的成分和要素，它比语言中的词汇和语法更有元生性。原因很简单，确定和调节交际的距离可以不用词汇和语句（如可用肢体语言等）。从语体的元生意义上说，我们自然可以得出“语体不是文体（或文类，genre）”的结论。不仅如此，我们还可以进而得出“语体是文类构形的基本元素或成分”的重要结论。

语体是直接交际中确定和调节彼此之间关系和距离的手段和机制，其运作方式可以简单概括为以下三类。

a. 拉远距离；

b. 拉近距离；

c. 保持一般的距离。

根据以上的调距类型，语体确定和调节彼此之间关系和距离的机制可以图示为（37）。

（37）

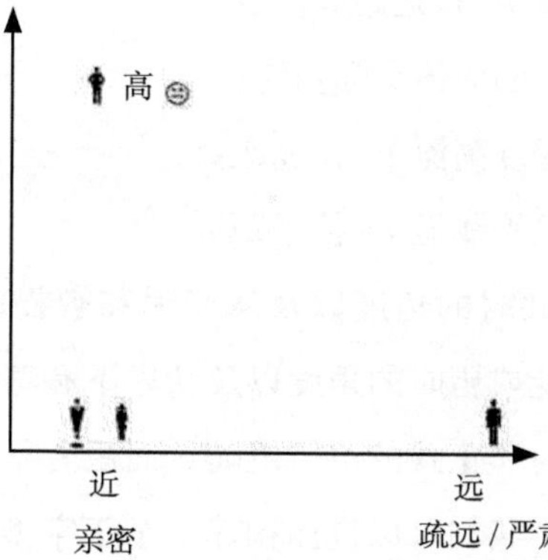

当然还有“斜向”调距的可能，但是“斜向”可以看作是水平和垂直两种情况的中合物。所以我们先解决垂直和水平的拉距属性，然后再考虑由它们组合、混合、兼合或配合而成的其他可能。如上图所示，如果以“”为参照点的话，那么“”则是处于水平方向上的远，而“”则为垂直方向上的高。垂直和平行的不同在这里可以转化为“高”和“远”的不同。在人们日常的交际距离上，“远”和“高”的功能和意义是有很大不同的——远则不亲，高则不平。远，给人一种疏离感；高，给人一种压抑感。不仅如此，不远不敬，不高不尊。古人云：“尔（近）则玩，玩则厌，厌则忘，忘则不敬。”交际中，用语言拉远或拉近或保持一般距离的交际手段便构成了语体。

由（37）不难看出，水平方向的调距机制创造了正式与非正式的语体功能，而垂直方向的调距机制则产生了典雅与通俗的语体效应。于是，我们得到以下关于语体交际功能的具体结论。

a. 正式与非正式的语体交际功能：

正式（严肃）= 拉远距离，

非正式（随便）= 拉近距离。

b. 典雅与通俗的语体交际功能：

典雅（教育程度高深）= 拉高距离，

通俗（文化水平浅显）= 拉平距离。

从水平的或共时的角度以及从亲昵和敬畏的对立上拉开距离，不等于从高低或历时的角度以及从卑下和尊贵的对立拉开距离。前者属正式与非正式的语体范畴，而后者是典雅与非典雅的语体范畴。据此，我们可以进而构建一个丁字型“二元对立”的语体模式，如（38）所示。

（38）典雅（古代词语）

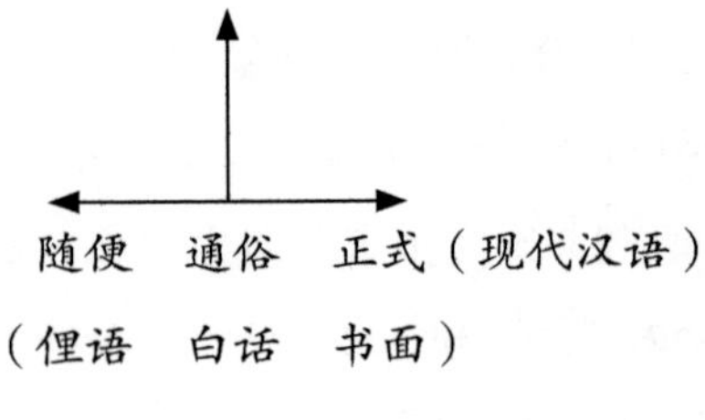

不难看出，典雅和正式都是“交际定距机制”中的语体手段。二者不仅在机制方向上有区别（垂直与水平的不同），彼此使用的语言材料及表现手段也很不同：典雅是文化承传、教育资格和资历的表现及必要条件，因此常常采用古代的语词来实现；而正式则是问题严肃、场景庄重和肃穆时的必要条件，因此常常通过改造日常用语的一般形式来实现。正是不同语体使用的语言材料及表现手段的不同，决定了例（36）中弹性词长短形式分布的差异。

双音节比单音节更正式，所以“* 改历史”不正确，“改写历史”才正确；动词重叠不是正式的表达，所以“把文章改改”很自然，但重叠较正式的双音节形式“改变”就发生语体冲突了，所以“* 把文章改变改变”不正确；“计划”比“想法”正式，所以与“计划”组合的是双音节形式“改变”，而与“想法”搭配的则是单音节“改”；“N 的 V”是正式度很高的表达，单音节动词相对双音节不够正式，不能出现在其中“V”的位置，所以“* 教材的编”不合法，“教材的编写”才正确；“X 进行 V”是正式度更高的表达，道理同“N 的 V”，单音节的“改”进入其中所得到的“* 计划内容将进行改”当然不合法了。

连词“和”连接“购买、阅读”合法，但连接“买、读”不合法的原因同样有语体作用：“和”的连接取消了动作或事件之间的时间关系或空间关系（对比“生存和发展”与“生存下来，慢慢发展”），消除了动词独立构成句子时所具有的可以将动作或事件具体化的时间、处所、具体的方式、结果等绝大部分修饰成分，由此降低了对每个动作行为的具体叙述，表现出明显的泛时空化特征，而泛时空化是书面正式语体的基本特征（冯胜利，

2010a)，这直接决定了“和”连接正式体的双音节合法，如“购买和阅读”，而连接单音节则不合法，如“* 买和读”。

（36c）的现象，则是单音嵌偶词表达典雅语体的情况，双音节的“学校”无法满足这种典雅语体的要求，所以各例都不合法。

二、单音节助动词和双音节助动词

汉语中的助动词有单音节也有双音节，对它们进行分类，大体可以得到表 3–7。

表 3–7 常用助动词语义对应关系表

单音节助动词	双音节助动词	语义
肯 愿 要$_2$ 敢	打算 敢于 愿意	表意愿
得（děi） 要$_1$ 该 应	应该 需要 应当	表必要
能 会 可$_2$	可能 可以$_2$ 能够	表可能
可$_1$	可以$_1$	表许可

褚智歆（2012）对单双音节助动词的语体分布做了很详细的统计，本小节将这些统计结果说明如下。

首先，是 10 个双音节助动词在正式文本《中国政府白皮书》和非正式文本《中国儿童百科全书》中的分布情况。

表 3–8 双音节助动词在正式文本、非正式文本中的出现情况排名

文本 / 词项	《中国政府白皮书》		《中国儿童百科全书》	
	出现率	出现率排名	出现率	出现率排名
打算	0	9	0.46%	10
敢于	0	9	0.52%	9

续表

文本 / 词项	《中国政府白皮书》		《中国儿童百科全书》	
	出现率	出现率排名	出现率	出现率排名
可能	3.96%	8	9.15%	3
愿意	4.62%	7	0.88%	8
应该	7.26%	6	4.05%	6
需要	7.26%	5	4.84%	5
可以$_{2}$	9.57%	4	59.43%	1
应当	10.89%	3	1.73%	7
能够	15.51%	2	8.69%	4
可以$_{1}$	40.92%	1	10.26%	2

根据表 3–8 中所列，我们将这 10 个双音节助动词在正式文本和非正式文本中的出现情况大体总结如表 3–9 所示：

表 3–9　双音节助动词在正式文本、非正式文本中的出现情况对比表

文本 / 词项	非正式	对比情况		正式
		大于或小于	具体倍率	
打算	0.46%	>	—	0
敢于	0.52%	>	—	0
可能	9.15%	>	约 2.3 倍	3.96%
愿意	0.88%	<	约 5.3 倍	4.62%
应该	4.05%	<	约 1.8 倍	7.26%
需要	4.84%	<	约 1.5 倍	7.26%
可以$_{2}$	59.43%	>	约 6.2 倍	9.57%
应当	1.73%	<	约 6.3 倍	10.89%
能够	8.69%	<	约 1.8 倍	15.51%
可以$_{1}$	10.26%	<	约 4 倍	40.92%

从表 3–9 可以看出，“愿意、应当、可以$_{1}$”在正式文本中的

使用次数远远多于非正式文本中，而“可以$_2$、打算、敢于”等在非正式文本中的使用更明显。另外，10个双音节词中有6个，即相对多数的双音节助动词更多见于正式文本。

其次是关于单音节助动词的典雅度的统计结果。

表3–10 单音节助动词在典雅文本、非典雅文本中的出现情况排名

文本／词项	《司法案例》		《中国北漂艺人生存实录》	
	出现比率	出现率排名	出现比率	出现率排名
肯	0	9	2.77%	9
得	0	9	3.08%	8
该	0	9	4.92%	6
可$_2$	0.36%	8	0.62%	10
愿	0.36%	8	3.38%	7
会	1.07%	7	29.85%	1
敢	1.43%	6	9.85%	4
要$_1$	1.79%	5	9.54%	5
要$_2$	2.14%	4	12.31%	3
可$_1$	8.21%	3	0.62%	10
能	33.57%	2	22.77%	2
应	51.07%	1	0.31%	11

同样，根据表3–10，我们大体可以将这12个单音节助动词在典雅文本和非典雅文本中的出现情况总结为表3–11：

表3–11 单音节助动词在典雅文本、非典雅文本中的出现情况对比

文本／词项	非典雅	对比情况		典雅
		大于或小于	具体倍率	
肯	2.77%	>	—	0
得	3.08%	>	—	0

续表

词项＼文本	非典雅	对比情况		典雅
		大于或小于	具体倍率	
该	4.92%	>	—	0
可$_2$	0.62%	>	约 1.7 倍	0.36%
愿	3.38%	>	约 9.4 倍	0.36%
会	29.85%	>	约 28.7 倍	1.07%
敢	9.85%	>	约 6.9 倍	1.43%
要$_1$	9.54%	>	约 5.3 倍	1.79%
要$_2$	12.31%	>	约 5.8 倍	2.14%
可$_1$	0.62%	<	约 13.2 倍	8.21%
能	22.77%	<	约 1.5 倍	33.57%
应	0.31%	<	约 164.7 倍	51.07%

以上对比使我们清楚地了解到，这 12 个单音节成分中，更多使用于典雅语体的只有“可$_1$、能、应”3 个，其余的 9 个单音节助词则更多用于非典雅语体。

此外，褚智歆（2012）还统计了单双音节助动词在《司法案例》和《中国政府白皮书》两个文本中的使用频率情况，见表 3–12。

表 3–12　单双音节助动词的使用频率对比

助动词形式＼文本名称	《司法案例》	《中国政府白皮书》
单音节助动词	59%	13%
双音节助动词	41%	87%

以上所列的数据大体体现了单双音节助动词在不同语体中的分布情况，充分体现了语体对长形式和短形式选用的限制。

第四节　汉语韵律形态的弹性词长表现

一、两类 [N 的 V] 结构

本书以两类现象为例说明韵律的形态功能对汉语弹性现象的制约。第一类现象为人所熟知，即汉语的 [N 的 V] 结构，具体如例（39）所示。

（39）a. [Na 的 V]：V 可单可双

他的哭泣	他的哭
父母的关爱	父母的爱
病人的死亡	病人的死
孩子的微笑	孩子的笑

b. [Np 的 V]：V 只双不单

图书的出版	* 图书的出
三中全会的召开	* 三中全会的开
教材的编写	* 教材的编
电脑的修理	* 电脑的修

汉语 [N 的 V] 结构从句法表现上可以分为两类：一类中，“N”是“V”的施事性成分，比如“他的哭泣”中，“他”是“哭泣”的主体，这类 [N 的 V] 结构记为 [Na 的 V]，如（39a）所示；另一类中，“N”是“V”的受事性成分，比如“图书的出版”中，“图书”是“出版”的客体，这类 [N 的 V] 结构记为 [Np 的 V]，如（39b）所示。

（39a）和（39b）的对比说明了单音动词和双音动词的关

系：[Na 的 V] 结构中的 V 可以是单音节，也可以是双音节；但 [Np 的 V] 结构中的 V 只可以是双音节，不可以是单音节。从弹性的角度看，弹性词的长短形式在前一结构中的分布不受限，在后一结构中的分布严格受限。韵律语法研究认为，弹性词长短形式在 [Np 的 V] 结构中分布严格受限是韵律形态制约的结果。

王丽娟（2014）深入讨论了两类 [N 的 V] 结构。她注意到，两类 [N 的 V] 结构中省略“的”带来的结果完全不同。[Na 的 V] 中“的”不能省略，如省略就变为主谓结构，见（40a）；而 [Np 的 V] 可以省略“的”，结果并不影响整体的语法结构和语义内容，见（40b）。

（40）a. 他 *（的）哭　　父母 *（的）爱　　孩子 *（的）微笑

b. 图书（的）出版　　电脑（的）维修　　新中国（的）成立

由（40）可知，“的”对 [Na 的 V] 的结构和属性起着决定性作用，因为“的”的缺省会导致整体结构的性质由体词性转变为谓词性；相反，[Np 的 V] 的语法属性却不依赖“的”，用不用“的”虽然可能会带来语体或其他方面的差异，但整个结构的语法性质不变，都是体词性成分。在此基础上，王丽娟（2014）依据形式句法学的 X’ 理论中“核心词决定其最大投射的性质”内容，推断 [Na 的 V] 的核心词是“的”，而 [Np 的 V] 的核心词“另有其人”。

通过论证，王丽娟（2014）认为 [Np 的 V] 结构的核心词是双音动词，而 [Np 的 V] 整体的体词性源于核心词 V 的韵律形式带来的性质转变，即双音形式帮助动词转为动名词。这种转变亦即韵律形态功能的反映。

冯胜利（2009b）曾指出“汉语可以通过韵律这种超音段的手段，发挥其类似于音段形态手段的作用”，并进一步分析指出“双音化是现代汉语动词变成名词或兼类词的必要条件和形式标记”。王丽娟（2009）在此基础上对汉语的双音节动词和单音节动词进行了考察，证实了双音节韵律形态具有将动词名词化或使其动名兼类的功能，指出双音节动词在双音节韵律形态的作用下，既具有动词的性质又兼有名词的性质。

综上所述，例（39b）所示的弹性词长短形式分布的限制条件是：韵律的形态功能使双音节 V 具有名词的性质，所以双音节 V 可以成为 [Np 的 V] 结构的核心；单音节不具备名词性质，所以无法成为 [Np 的 V] 结构的核心。具体分析如（41）所示。

（41）
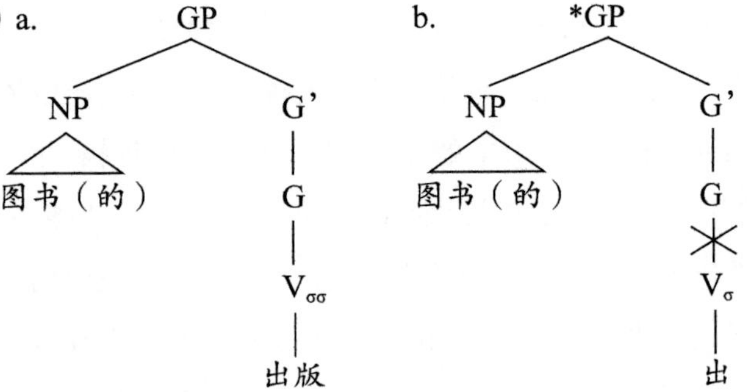

二、“很大 X”与“大 X”

这一部分讨论的现象如表 3–13 所示。

表 3–13　不同词与“很大 X、大 X”组合合法性示例

词项		很大 X	大 X
A	鼓舞　支持　启发　刺激　帮助　冲击 挑战　打击　威胁　忧虑　关注　奉献 努力　影响　改变　收获	+	–
A’	打　改　帮　冲	–	+
B	比武　辩论　冲击　出击　出血　喘气 调动　换班　换血　回环　控诉　批判 普查　清洗　扫除　扫荡　逃亡　突击 循环　转移	–	+
B’	批　论　逃　洗　查	–	+
C	改革　变动　破坏　调整　解放	+	+
C’	改　变　调　放	–	+

表 3–13 中，词汇共有三组，A 是双音节，A’是对应的单音节形式（不完全对应），另外两组同理。三组形式在与“很大”和“大”组合时，表现出明显的差异：组间存在差异，组内的单双音节形式也存在差异。组内的单双音节与“很大”及“大”组合的差异体现出韵律形式对弹性词长短形式分布的限制。

王丽娟（2013）发现，能与“很大”组合的“X”都是抽象名词，如（42）所示。

（42）a. 很大 + 名词

　　*很大书　*很大苹果　*很大题

b. 很大 + 动词

　　*很大谈　*很大谈论　*很大搜　*很大搜捕

c. 很大 + 抽象名词

　　很大力量　很大程度　很大前途　很大责任

能与“大”组合的既可以是名词，也可以是动词，如（43）所示。

（43）a. 大＋名词

大苹果　大工具　大单位　大风景　大问题

b. 大＋动词

大批　大搜　大查　大洗

大批判　大搜查　大检查　大清洗

由此，表 3–13 中的内容可转述为表 3–14。

表 3–14　与“很大 X、大 X”组合的词项及其词类

词项		很大 +X	大 +X	词类
A	鼓舞　支持　启发　刺激 帮助　冲击　挑战　打击 威胁　忧虑　关注　奉献 努力　影响　改变　收获	+	–	抽象名词
A’	打　改　帮　冲	–	+	动词
B	比武　辩论　出击　出血 喘气　调动　换班　换血 回环　控诉　批判　普查 清洗　扫除　扫荡　逃亡 突击　循环　转移	–	+	动词 / 非抽象名词
B’	批　论　逃　洗　查	–	+	动词
C	改革　变动　破坏　调整　解放	+	+	动词 / 抽象名词
C’	改　变　调　放	–	+	动词

由表 3–14 可以看出，构成弹性词长短形式的“打、改、帮、冲”与“打击、改变、帮助、冲击”词性不同，“打击、改变、帮助、冲击”等长形式只有抽象名词属性。而“批、论、逃、洗、查”与“批判、辩论、逃亡、清洗、普查”分布相同，这说明“批判、辩论、逃亡、清洗、普查”既有动词属性又有名词属性。至于“改革、变动、破坏、调整、解放”等，则既有动词属性又有抽象名词属性。按名词性等级的高低，表 3–14 中的词项可以有如下排列顺序：

“鼓舞”类 > “改革”类 / “批判”类 > “打”类 / “批”类 / “改”类

A　　>　　B/C　　>　　A’/B’/C’

名词性等级的高低决定了它们与“很大”及“大”的组合能力。而与名词性等级两端对应的是音节数量的单双，这与冯胜利（2009b）、王丽娟（2009）关于“韵律是形态”的讨论一致。而且，这一研究还说明，双音节词所具有的名词属性也有强弱之分：“鼓舞”类更强，“改革”类 / “批判”类稍弱。

关于汉语韵律形态的更详细说明，请参看本套丛书中王丽娟所著的《汉语的韵律形态》。

思考与练习

1. 本书认为韵律是弹性词产生的根本动因，但本章在分析一些弹性词现象时，比如对 [N 的 V] 结构的讨论涉及了句法或语义的内容。请谈一谈你对这一处理的看法。

2. 本章中表 3–2 列出了音节数与结构关系之间的相关关系，请详细说明其原因。
3. 请分析复合词“取护照条、雨刮器、操作计算机者”等是否是本章所讨论的复合词构成规则的反例，并谈一谈这类词给你的启示。
4. 下面的例句（1）的正式度高于例句（2），能否据此认为双音节长形式的正式度高于单音节短形式？这类现象给你什么启示？

（1）我们讨论一下。

（2）我们谈谈。

5. 请分析以下现象是否是本章第一节对述补结构分析的反例。

（3）洗干净衣服　　　　拿出来几瓶牛奶

（4）看不清楚是什么字　　　　听得见广播的声音

4

第四章

弹性词与汉语教学

与其他语言相比，汉语中词的弹性现象很明显。那么对于学习汉语的留学生来说，这种差异对他们学习的影响如何，是我们关心的一个问题。从教学的角度，概括来说，汉语弹性词现象大体可以做如下区分：

第一类，句法规则决定弹性词。比如“种绿化树 / 种植绿化树 / 种树 /* 种植树”是述宾组合，“煤炭店 / 煤店 / 煤炭商店 /* 煤商店”是定中组合，“讲透道理 /* 讲透彻道理 / 把道理讲透 / 把道理讲透彻”合法与否的关键在于述补结构。以上述宾结构也好，定中结构也好，述补结构也好，使用弹性词对的单音节形式还是双音节形式，正如前文分析中所见，均由句法规则决定。

第二类，语体规则决定弹性词。比如“篡改历史 /* 改历史、编写教材 / 编教材 / 教材的编写 /* 教材的编”等，其中用双音节的“篡改、编写”还是单音节的“改、编”，是由语体决定的，正式语体中使用“篡改、编写”等双音节形式，通俗语体中使用“改、编”等单音节形式。

那么留学生汉语习得中对词的弹性现象掌握得到底怎样呢？

第一节 留学生汉语习得中的弹性词问题

为了了解留学生汉语习得中对弹性词的掌握情况，我们专门收集了约 5 万字的语料。通过对这些语料的考察，我们发现，因为弹性词导致的偏误数量并不多，甚至可以说很少。

以下选取初、中、高水平留学生的部分语料作为示例，以方便具体分析。例（1a）的学生水平最低，依次递升，例（1e）的学生水平最高。

（1）a. 我的朋友们，他们好像我的哥哥和弟弟，我们都是一个家，他们不曾吵架跟我，如果吵架，那很快的说对不起。如果我请求他们肯定实现，上个月过了我的母亲的生日。我从中国不能寄礼物，所以请朋友买一朵花，和给母亲。他们买了很大的朵和送给我的母亲，看见妈妈的开心，我也开心了，和感谢朋友们。他们说我们不是朋友，我是一个家人。

b. 我住在宿舍三层。从学校到宿舍的路上要路过食堂、篮球场、网球场、运动场，接着继续向前走。带洗澡间和卫生间的房间。另外也有电视，床，桌子，壁橱，没有厨房和阳台。因为外面有别的建筑挡着，所以不能眺望窗外的风景。宿舍的一楼是大厅，朋友来找我，可以在那里等待。我觉得自己过着舒适的生活。

c. 这部电影的主角是两个互相不认识的男和女，男人很常时间找了合自己心意的房子，以后找到了特别喜欢的房子。在新房子第一次过夜的时候，他突然遇到了一个年轻女孩的幽灵！先他自己以为这是喝醉的后果！但是连不喝酒的时，那个女也来打扰他。

d. 代沟现象不只是从早就有的，而且至今没冷下去。所以我觉得这个问题值得讨论。我要对照这个题目两个方面，即是年轻人和老年人。一来他们两代人有的阅历不相同，无疑年轻人没长辈人度过的那么多难关。所以青年人比老年人安闲得多：一般无思无虑，又何况他们决定作得不如年长人那么慎；因此父母常常说孩子还不知道天多高、地多厚。二来两代人年龄差别很大，所以他们关于什么都有的看法也不一样。比如对工作来说虽然年长不如年轻人能动，但是在工作中不比年轻人差，因为长辈人比较责任。因此关于花钱两代人的看法也有差别。老年人觉得挣钱不容易，所以虽然他们不比青年人侈，但是年轻人没有老年人的小气。因为他们最好存起来留着以后用，不过青年人反而随便花钱。

e. 如果我可以开一间茶馆，我的选择是南湖。南湖位于国家5A级文化产业区。景区多，现在人流量增加，包括别墅，进行居民小区的开发。所以如果开一家茶馆的话觉得有前途，有发展起来的可能性。在这地区开一个比较高档的茶馆也可以。

例（1）所示语料共516词（包括重复的）。我们发现，语料中虽然出现了学生的大量偏误，但其中单双音节误用仅10处。而且，仔细分析可知，其中7处单双音节误用并非词的弹性用法所致，比如例（1a）中“朵”的句法位置允许出现单音节，例（1c）中“男、女、女”三处句法位置也都允许出现单音节，同样例（1d）中“慎、侈”及（1e）中“这”的句法位置都允许单音节。允许出现单音节形式说明该处句法位置并不受限于弹性词的相关规则，所以，语料中的偏误均是其他原因所致。要特别强调，即使是留学生对词汇的掌握有问题，比如例（1d）中的“慎、侈”，这也只是词汇掌握的问题，而不是词的弹性所致的偏误。

经过仔细甄别，例（1）所示的516词的语料中，真正属于词的弹性现象所导致的偏误仅3例。具体请见表4–1：

表4–1　留学生语料中弹性现象偏误

	语料（1a）	语料（1b）	语料（1c）	语料（1d）	语料（1e）
单双音节误用	朵	等待	男 女 先 时 女	慎 侈	这
弹性现象偏误		等待	先 时		

总词数为516词的语料中，因词的弹性现象所致的偏误仅3例，比例低到几乎可以忽略不计。在我们搜集到的近5万字的留学生语料中，因弹性现象所导致的偏误基本都是这一比例。如此低的致误比例，是否意味着词的弹性现象在留学生汉语教学中并不重要呢？我们认为答案是否定的。接下来，本章将具体说明弹性现象导致的偏误数量较少的原因。

第二节　弹性现象致误数量较少的原因分析

在获得了5万字的留学生语料中因弹性现象致误的基本情况

后，我们对高级汉语水平的留学生做了简单的弹性现象规律掌握情况的调查，参与调查的学生共 27 人，汉语水平为 HSK5 级及 6 级。结果显示，关于汉语单双音节的使用，90% 以上的学生只了解“汉语喜欢双音节”，“双音节形式通常比单音节形式更多用于书面语”。除了一点语感上的经验外，事实上，留学生对弹性形式对中的单音节形式和多音节形式的使用规律几乎完全不了解。值得注意的是，留学生对弹性现象规律的掌握与其语料中弹性词致误的比例间存在明显的不对应，这提示我们，必须要更全面地分析弹性现象导致的偏误数量较少的原因。

首先，弹性现象导致的偏误数量与学生汉语水平的高低不存在明显相关性。在我们搜集的语料中，偏误非常明显、偏误总量较多的留学生语料，并未出现弹性现象导致的偏误更多的情况。以例（1a）为例，其中的偏误达到几乎每句至少一处，这说明该学生的汉语水平较低，习得情况很不理想。即便如此，该语料中却并未出现任何一处因弹性现象导致的偏误。但在学生汉语水平相对较好的（1b)（1c）语料中，反而出现了弹性现象导致的偏误。

其次，留学生的语言形式较为单一，语言使用不够丰富。以例（1）为例，这些语料来自不同水平的学生，讨论的话题各不相同，但词汇的重复率很高，所使用的词汇总量明显匮乏。据我们统计，学生实际使用的词汇只有 209 个，其中包括较多代词、量词、数词、助词、副词、介词、连词、专有名词等，这些词通常只有单音节或多音节一种形式，不存在弹性问题。即使其他类词，在通常的语言表达中也较多只使用单音节或双音节一种形式。所以，留学生这种语言形式单一及内容不丰富的特点，客观上使他们避免了暴露其在弹性现象掌握及使用方面的不足，反映在语料中，就是因弹性现象导致的偏误数量较少。

最后，留学生的语体风格较单一，对正式体的掌握停留于表面。在所整理的 5 万字语料中，我们发现，留学生对不同语体风格的掌握能力比较缺乏。为了更准确深入地了解留学生的汉语语体能力，我们选取了 20 名高级汉语水平的留学生进行了一项练习，要求学生以“职业倦怠产生的原因及如何消除”为题写一篇议论文，字数不少于 400 字（事实上没有学生的作文达到这一字数要求）。学生可以查阅相关资料，但对于资料中查到的内容，留学生必须以自己的汉语表达习惯重新组织语言，这样我们得到了 20 篇语料。简单列举其中几段：

（2）a. 我的朋友上了一家公司，那里老手很多，新手少，过了一段时间，他就发现老前辈对他不公平，也对他不热情友好，过一年，他就放弃了，换了工作。

b. 产生职业倦怠的原因是非常复杂的，有客观的，也有主观的。很多工作中的人失去了奋斗目标，只是简单地工作，每天重复着同样的事情是很容易厌倦的，工作的乐趣、信心和创造力都消失。在这种环境中生活的人常常感觉到生活的无聊，吸毒、犯罪、上网，在不断地变换工作中寻找新的意义的可能。

c. 我认为，如果你按你的兴趣找工作，就是把你的爱好变成工作，你不会觉得无聊，不会有倦怠感。但是如果你的工作还是跟爱好没有关系，那就应该学会在你当前的工作找乐趣，并不要换一百个工作。我建议换一个角度，从别的方面看你的工作。

d. 通常换工作不会消除职业倦怠感。倦怠感会产生的原因是，你个人对这份工作不感兴趣，经常是因为这个问题而产生倦怠感，但如果你对这份工作很感兴趣的话，你不会产生倦怠感这个问题，所以我个人觉得，如果你后来想找份工作，你就应该找自己喜欢的工作，这样你不会因工作而累。有时还是会产生这样的最方便增加点工资，就好了。

从语料中可以看到，留学生在表达较细腻的、有细节的内容时，通常只能用口语形式表达，用正式语体表达时，则通常语言干涩、内容单调，大多只能简单陈述出自己的观点，而缺少推理、论证，更谈不上使文章生动、有说服力。本书第三章第三节中讨论了语体差异事实上是影响词语弹性现象的重要因素，留学生通常只掌握一种汉语语体表达方式，几乎不会面临在不同语体中使用弹性词对中不同形式的困扰，这在客观上避免了留学生出现与弹性词相关的偏误。

第三节 弹性词教学建议

根据上一节的分析，总体来看，导致留学生在汉语习得过程中较少因弹性现象而出现偏误的核心原因并非学生已经掌握了弹性现象的相关规律，而是学生的语言水平较低，还没有全面遇到弹性词现象带来的困难。因此，对于留学生汉语教学而言，弹性词不仅需要得到充分的关注，更是留学生汉语水平通向高级阶段不可回避的一个门槛。我们在弹性词教学方面有一些实践，结合相关经验，本节对弹性词教学提出如下一些建议。

首先，弹性词教学必须与语体能力培养相结合。我们认为，对于留学生汉语习得而言，因语体风格差异而导致的问题是其弹性词习得的最主要问题，语体的差异很大一部分体现在对弹性词对中单音节形式还是多音节形式的选择上，所以将二者结合起来可使语体教学有具体内容，也使弹性词教学不仅仅局限于静态替换，可谓一举两得。

在如何结合语体教学与弹性词教学方面，冯胜利（2006b）创立的以嵌偶词、合偶词、语体属性句式为教学内容的汉语书面语体教学是一套行之有效的模式。在此基础上，我们进一步深入挖掘不同文体间的差异，并基于这种差异尝试了一些新的教学模式。比如例（3a）（3b），表面上看是内容表达上存在差异，实际上更根本的是文体的差异。

（3）a. 作为一个旧词，“怼”字为什么在如此短的时间内成为网络热词（如“怼死你、天天怼来怼去”），究竟是什么因素作用的结果，这其中又隐藏了哪些规律，非常值得研究。

b. 词语的发展是语言研究的重要议题之一，涉及的因素非常复杂，其中的规律仍需探索，旧词“怼”是探索这一规律的生动案例，值得深入研究。

对比两例,（3a）更侧重引起读者兴趣，更类似于先设置悬念，然后一步步揭示谜底的“揭秘”文体;（3b）更侧重对“怼”字研究意义的说明，属于较典型的学术论文文体。这种“揭秘”文体与学术论文文体的差异，不进行教学训练，学生是很难体会并且灵活运用的——我们在前文中介绍的对20名高级汉语水平留学生的议论文练习实验也证明了这一点。基于不同文体的差异进行更加深入的汉语教学，可以更有针对性地使学生掌握不同文体、不同语体的语言运用能力，从目前的实践来看，效果逐步显现。

其次，弹性词教学不能只在词汇的框架内完成，而必须在语篇能力训练框架内进行。我们分析了前文中提到的20名高级汉语水平留学生议论文命题作文得到的语料，发现制约这些学生议论文写作水平的最关键因素是用汉语谋篇布局的能力。换句话说，学生在单独的词、句，甚至小段落方面，不乏优秀者，但围绕一个观点进行全篇布局的能力普遍较差。这与我们对弹性词分析的理论预期相一致：使用弹性词对中的哪种形式，归根结底是句法问题，是语体制约的结果，并不是孤立的词汇问题，所以将弹性词教学与语篇能力训练结合起来至关重要。我们的基本思路是将语篇归类，然后分解不同类型语篇的框架结构，使留学生通过掌握语篇框架结构，逐步具备较长篇幅汉语文章的谋篇布局能力。

提升留学生汉语谋篇布局能力是提高其汉语水平不可跨越的阶段，学生如果可以掌握基本现象或问题阐述、基本概念解释、引用他人研究、评价他人研究、提出个人观点、论证个人观点、分析材料并推论等议论文写作基本任务的汉语表达方式，并能够将这些基本任务在行文中恰当排列和布局，一定可以克服内容干涩、单薄、前后逻辑关系不清等问题。

总而言之，弹性词问题与学生的高级汉语能力相伴随，提升学生的高级汉语能力一定会遇到弹性词问题的障碍。弹性词的教学必须在留学生高级汉语能力培养中进行，这样才能做到有的放矢，因为弹性词现象的属性决定了其是初、中级汉语水平留学生较难触碰到的。在当前汉语教学界普遍期待高级汉语能力培养取得突破的大背景下，弹性词教学无疑会成为汉语教学的重要议题，期待这一议题早日取得飞跃性的发展。

思考与练习

1. 以下是一篇留学生的语料，请你根据这篇语料对该留学生的汉语能力做出判断，并陈述理由。

   如果我可以开一间茶馆，我的选择是南湖。南湖位于国家5A级文化产业区。景区多，现在人流量增加，包括别墅，进行居民小区的开发。所以如果开一家茶馆的话觉得有前途，有发展起来的可能性。在这地区开一个比较高档的茶馆也可以。

2. 在通常的留学生的语料或汉语教学中能观察到，因弹性词导致的偏误数量较少，请谈一谈你对这一现象的看法。

3. 请仔细分析本章例（1）中的语料，并谈一谈为什么其中另外7处单双音节误用不属于弹性词所致的偏误。

5

第五章

余　论

关于汉语的弹性词，尤其是与弹性相关的现象，本书并未穷尽讨论，事实上也不太可能穷尽讨论。本书更注重厘清一些弹性词研究中的主要问题。

首先，弹性词现象是韵律机制作用的结果。郭绍虞（1938）将汉语中的“语词的弹性作用”现象产生的机制归结为“单复相合，短长相配，于是整齐中含铿锵，参差中合自然，而文章掷地真可作金石声了”，郭文中所列的弹性词现象大大超越了今天学术界所说的弹性词概念。郭文的弹性词概念更注重通过调整音节数的多少来达到行文更工、言辞更美的目的，而今天语言学界所说的弹性词更强调韵律因素决定的单双音节代换的现象。

明确将弹性词范围界定在韵律框架内对弹性词的研究非常重要。只有在韵律框架内，弹性词现象的研究才有可能得到科学的解释，才有可能深刻揭示汉语弹性词现象的独特之处，从而挖掘出汉语独有现象背后隐藏的语言普遍规律，并丰富当代语言学理论体系。

其次，弹性词现象是语言在线生成过程中产生的，在线生成过程中的某些长形式与短形式的配对，会被逐渐固化下来，从而成为词汇层面的常规配对。词汇层面的常规配对，即在脱离具体语境的情况下，仍然可以明确地被关联在一起的长短形式对应关系（比如“种—种植、蒜—大蒜”，看到一个形式，在一般的语感中，人们很自然会联想到另一个形式）。

当然，也会有很多长短形式对不会被固化下来，即在脱离语境的情况下，我们几乎不会将二者联系起来。类似的例子除了我们在前几章中提到的一些外，还有很多，比如“不要随地抛物、抛石攻城、抛家舍业”中，短形式“抛”对应的弹性长形式分别是“抛撒、抛射、抛弃”。如果不是在具体语境，而是在静态情况下，在一般人的语感中，“抛射”与“抛”几乎不会被关联在一起，二者的关联需要语境激活。

最后，弹性词现象的根本动因是韵律，而不是句法—语义。韵律作用的机制包括自然音步规则、核心重音规则、韵律语体、韵律的形态功能等多个互相关联的模块，这些模块构成一个整体，决定了汉语弹性词现象的面貌。

本书第三章通过对十余类弹性词现象的分析，详细说明了这些韵律因素制约相应弹性词现象的具体运作情况。

我们关于汉语弹性词的讨论，涉及韵律语法体系的众多内容。读者如欲求详，请参看本套丛书中的其他分册。

本书对汉语弹性现象的说明，难免挂一漏万，期待方家补正。

思考与练习

1. 请搜集其他语言中词形有长短变化的弹性现象，并与汉语的弹性词现象进行对比分析，尝试探索这类现象的普遍类型特征。
2. 传统研究中关于词的意义有“析言”和“浑言”之说，这似乎预示着古人早已注意到汉语某些情况下长短形式可变换使用且并不影响意义表达。请谈一谈这给你带来哪些启示。
3. “白骨精终于显形了”中，“形”对应的长形式是什么？请谈一谈你对这一现象的看法。

参考文献

[1] 陈昌来 . 介词与介引功能 [M]. 合肥：安徽教育出版社，2002.

[2] 褚智歆 . 汉语部分助动词的韵律句法特征考察 [D]. 北京：北京语言大学博士学位论文，2012.

[3] 董秀芳 . 述补带宾句式中的韵律制约 [J]. 语言研究，1998（1）：55-62.

[4] 端木三 . 重音理论和汉语词长的选择 [J]. 中国语文，1999（4）：246-254.

[5] 端木三 . 汉语的节奏 [J]. 当代语言学，2000（4）：203-209.

[6] 端木三 . 重音、信息和语言的分类 [J]，语言科学，2007（6）：3-16.

[7] 端木三 . 汉语单语素名词的词长弹性研究：词典中和实际使用中的“只单不双”名词 [A]. 冯胜利主编 . 汉语韵律语法新探 [C]. 上海：中西书局，2015. 4-21.

[8] 端木三 . 音步和重音 [M]. 北京：北京语言大学出版社，2016.

[9] 冯胜利 . 论汉语的韵律结构及其对句法构造的制约 [J]. 语言研究，1996a（1）：110-129.

[10] 冯胜利 . 论汉语的“韵律词”[J]. 中国社会科学，1996b（1）：161-176.

[11] 冯胜利 . 汉语的韵律、词法与句法 [M]. 北京：北京大学出版社，1997.

[12] 冯胜利 . 论汉语的“自然音步”[J]. 中国语文，1998（1）：40-47.

[13] 冯胜利 . 汉语韵律句法学 [M]. 上海：上海教育出版社，2000.

[14] 冯胜利．从韵律看汉语“词”“语”分流之大界 [J]，中国语文，2001a（1）：27-37.

[15] 冯胜利．论汉语“词”的多维性 [J]. 当代语言学，2001b（3）：161-174.

[16] 冯胜利．韵律词与科学理论的构建 [J]. 世界汉语教学，2001c（1）：53-64.

[17] 冯胜利．书面语语法及教学的相对独立性 [J]. 语言教学与研究，2003a（2）：53-63.

[18] 冯胜利．韵律制约的书面语与听说为主的教学法 [J]. 世界汉语教学，2003b（1）：87-97.

[19] 冯胜利．动宾倒置与韵律构词法 [J]. 语言科学，2004（3）：12-20.

[20] 冯胜利．汉语韵律语法研究 [M]. 北京：北京大学出版社，2005.

[21] 冯胜利．论汉语书面正式语体的特征与教学 [J]. 世界汉语教学，2006a（4）：98-106.

[22] 冯胜利．汉语书面语用初编 [M]. 北京：北京语言大学出版社，2006b.

[23] 冯胜利．韵律语法理论与汉语研究 [J]. 语言科学，2007（2）：48-59.

[24] 冯胜利．汉语的韵律、词法与句法（修订版）[M]. 北京：北京大学出版社，2009a.

[25] 冯胜利．论汉语韵律的形态功能与句法演变的历史分期 [A]. 中国社会科学院语言研究所编．历史语言学研究（第二辑）[C]. 北京：商务印书馆，2009b. 11-31.

[26] 冯胜利．论语体的机制及其语法属性 [J]. 中国语文，2010a（5）：400-412.

[27] 冯胜利 . 论韵律文体学的基本原理 [J]. 当代修辞学，2010b（1）：25-36.

[28] 冯胜利 . 韵律句法学研究的历程与进展 [J]. 世界汉语教学，2011（1）：13-31.

[29] 冯胜利 . 北京话的轻声及其韵律变量的语法功能 [J]. 语言科学，2012a（6）：586-595.

[30] 冯胜利 . 语体语法："形式—功能对应律" 的语言探索 [J]. 当代修辞学，2012b（6）：3-12.

[31] 冯胜利 . 汉语韵律句法学（增订本）[M]. 北京：商务印书馆，2013.

[32] 冯胜利 . 语体语法的逻辑体系及语体特征的鉴定 [J]. 汉语应用语言学研究，2015（1）：1-21.

[33] 冯胜利、王洁、黄梅. 汉语书面语体庄雅度的自动测量[J]. 语言科学，2008（2）：113-126.

[34] 郭绍虞 . 中国语词之弹性作用 [J]. 燕京学报，1938（24）：1-34.

[35] 洪爽. 单音副词及重叠形式修饰谓词性成分的韵律问题[J]. 语言科学，2010（6）：607-616.

[36] 胡敕瑞 . 从隐含到呈现（上）——试论中古词汇的一个本质变化 [J]. 语言学论丛，2005（31）：1-21.

[37] 胡敕瑞 . 从隐含到呈现（下）——词汇变化影响语法变化 [J]. 语言学论丛，2008（38）：99-127.

[38] 胡明扬 . 语体和语法 [J]. 汉语学习，1993（2）：1-4.

[39] 黄丽君、端木三 . 现代汉语词长弹性的量化研究 [J]. 语言科学，2013（6）：8-16.

[40] 黄梅、冯胜利 . 嵌偶单音词句法分布刍析——嵌偶单音词最常见于

状语探因 [J]. 中国语文，2009（1）：32-44.
[41] 柯航 . 现代汉语单双音节搭配研究 [D]. 北京：中国社会科学院博士学位论文，2007.
[42] 柯航 . 汉语单音节定语移位的语义制约 [J]. 中国语文，2011（5）：410-418.
[43] 李临定 . 现代汉语动词 [M]. 北京：中国社会科学出版社，1990.
[44] 林焘 . 语音探索集稿 [M]. 北京：北京语言学院出版社，1990.
[45] 陆丙甫 . 核心推导语法 [M]. 上海：上海教育出版社，1993.
[46] 陆丙甫 . 语序优势的认知解释（上）：论可别度对语序的普遍影响 [J]. 当代语言学，2005a（1）：1-15.
[47] 陆丙甫 . 语序优势的认知解释（下）：论可别度对语序的普遍影响 [J]. 当代语言学，2005b（2）：132-138.
[48] 陆丙甫 . 指人名词组合语序的功能解释——从形式描写到功能解释的一个个案 [J]. 中国语文，2005c（4）：291-299.
[49] 吕叔湘 . 现代汉语单双音节问题初探 [J]. 中国语文，1963（1）：11-23.
[50] 吕叔湘 . 通过对比研究语法 [J]. 语言教学与研究，1992（2）：4-18.
[51] 吕叔湘、饶长溶 . 试论非谓形容词 [J]. 中国语文，1981（2）：81-85.
[52] 潘文国 . 汉英语对比纲要 [M]. 北京：北京语言大学出版社，1997.
[53] 裴雨来 . 词类—音节数序列与语句韵律结构生成 [M]. 北京：科学出版社，2016.
[54] 裴雨来、邱金萍 . 韵律影响汉语含动复合词生成研究 [J]. 中国语言学报（*Journal of Chinese Linguistics*），2015（2）：586-604.
[55] 裴雨来、邱金萍、吴云芳 . “纸张粉碎机”的层次结构 [J]. 当代语言学，2010（4）：356-364.

[56] 邱金萍．现代汉语三音节结构的韵律研究 [D]. 北京：北京语言大学博士学位论文，2013.

[57] 沈家煊．从韵律结构看形容词 [J]. 汉语学习，2011（3）：3-10.

[58] 陶红印．试论语体分类的语法学意义 [J]. 当代语言学，1999（3）：15-24.

[59] 陶红印．操作语体中动词论元结构的实现及语用原则 [J]. 中国语文，2007（1）：3-13.

[60] 陶红印、刘娅琼．从语体差异到语法差异（上）——以自然会话与影视对白中的把字句、被动结构、光杆动词句、否定反问句为例 [J]. 当代修辞学，2010a（1）：37-44.

[61] 陶红印、刘娅琼．从语体差异到语法差异（下）——以自然会话与影视对白中的把字句、被动结构、光杆动词句、否定反问句为例 [J]. 当代修辞学，2010b（2）：22-27.

[62] 王灿龙．句法组合中单双音节选择的认知解释 [A]. 中国语文杂志社编．语法研究和探索（十一）[C]. 北京：商务印书馆，2002. 151-168.

[63] 王洪君．音节单双、音域展敛（重音）与语法结构类型和成分次序 [J]. 当代语言学，2001（4）：241-252.

[64] 王洪君．汉语非线性音系学——汉语的音系格局与单字音（增订版）[M]. 北京：北京大学出版社，2008.

[65] 王洪君、乐耀、李榕．“了 2”与话主显身的主观近距交互式语体 [A]. 北京大学汉语语言学研究中心《语言学论丛》编委会编．语言学论丛（第 40 辑）[C]. 北京：商务印书馆，2009.

[66] 王丽娟．从韵律看介词的分布及长度 [J]. 语言科学，2008（3）：300-307.

[67] 王丽娟 . 从名词、动词看现代汉语普通话双音节的形态功能 [D]. 北京：北京语言大学博士学位论文，2009.

[68] 王丽娟 . 现代汉语普通话动词名物化形态的韵律要求 [J]. 安徽理工大学学报（社会科学版），2013（4）：50-54.

[69] 王丽娟 . 从“大批判”与“很大批判”的对立看单双音动词的句法功能 [J]. 中国语学，2014（260）：40-53.

[70] 王永娜 .“为了”与“以便”的语义、语用比较 [J]. 汉语学习，2007（1）：83-87.

[71] 王永娜 . 谈韵律、语体对汉语表短时体的动词重叠的制约 [J]. 语言科学，2008（6）：636-646.

[72] 王永娜 . 汉语表短时体的动词重叠的韵律机制和语体动因 [J]. 汉语学习，2010（4）：65-75.

[73] 王永娜 . 书面语体“V+ 向 / 往 +NP”的构成机制及句法特征分析 [J]. 华文教学与研究，2011（3）：64-69.

[74] 王永娜 . 非计量“一+量词”语法功能与语体构成机制 [J]. 汉语学习，2012a（6）：55-60.

[75] 王永娜 . 书面语体“和”字动词性并列结构的构成机制 [J]. 世界汉语教学，2012b（2）：188-197.

[76] 王永娜 . 书面语“动宾 + 宾语”的语法机制及相关问题研究 [J]. 语言科学，2013（2）：143-156.

[77] 王永娜 .“NNVVN”、“VNN”、“VN 的 (N)”语体等级的鉴别 [J]. 汉语学习，2015（4）：14-23.

[78] 王永娜、冯胜利 . 论“当”“在”的语体差异——兼谈具时空、泛时空与超时空的语体属性 [J]. 世界汉语教学，2015（3）：310-324.

[79] 吴为善 . 现代汉语三音节组合规律初探 [J]. 汉语学习，1986（5）：1-2.
[80] 吴为善 . 论汉语后置单音节的粘附性 [J]. 汉语学习，1989（1）：6-19.
[81] 吴为善 . 汉语韵律句法探索 [M]. 上海：学林出版社，2006.
[82] 张伯江 . 语体差异和语法规律 [J]. 修辞学习，2007（2）：1-9.
[83] 张国宪 ."动＋名"结构中单双音节动作动词功能差异初探 [J]. 中国语文，1989a（3）：186-190.
[84] 张国宪 . 单双音节动作动词充当句法成分功能差异考察 [J]. 淮北煤炭师范学院学报（社会科学版），1989b（3）：141-145.
[85] 张国宪 . 单双音节动作动词语用功能差异探索 [J]. 汉语学习，1989c（6）：12-14.
[86] 张国宪 . 单双音节动作动词搭配功能差异研究 [J]. 上海师范大学学报（哲学社会科学版），1990（1）：141-145.
[87] 张国宪 ."V 双＋ N 双"短语的理解因素 [J]. 中国语文，1997（3）：176-186.
[88] 张国宪 . 形名组合的韵律组配图式及其韵律的语言地位 [J]. 当代语言学，2005（1）：35-52.
[89] 张敏 . 认知语言学与汉语名词短语 [M]. 北京：中国社会科学出版社，1998.
[90] 张谊生 . 现代汉语副词研究 [M]. 上海：学林出版社，2000.
[91] 周荐 . 从词长看词典语汇单位的确定 [J]. 辞书研究，1999（2）：34-39.
[92] 周韧 . 共性与个性下的汉语动宾饰名复合词研究 [J]. 中国语文，2006（4）：301-312.
[93] 朱德熙 . 现代汉语语法研究的对象是什么 [J]. 中国语文，1987（5）：321-329.

[94] Chao, Yuen Ren and Lien Sheng Yang. *Concise Dictionary of Spoken Chinese* [M]. Cambridge, MA: Harvard University Press, 1947.

[95] Downing, Laura J. *Canonical Forms in Prosodic Morphology* [M]. Oxford: Oxford University Press, 2006.

[96] Dowty, D. Thematic proto-roles and argument selection [J]. *Language* (1991): 547-619.

[97] Duanmu, San. Phonologically motivated word order movement: evidence from Chinese compounds [J]. *Studies in Linguistic Sciences* 27.1 (1997): 49-73.

[98] Duanmu, San. Chinese (Mandarin): phonology [A]. *Encyclopedia of Language and Linguistics* (2nd edition) [C]. Ed. Keith Brown. Oxford: Elsevier Publishing House, 2006. 351-355.

[99] Duanmu, San. Word-length preferences in Chinese: a corpus study [J]. *Journal of East Asian Linguistics* 21.1 (2012): 89-114.

[100] Duanmu, San. How many Chinese words have elastic length? [A]. *Eastward Flows the Great River: Festschrift in Honor of Prof. William S-Y. Wang on His 80th Birthday* [C]. Ed. Peng Gang and Shi Feng. Hong Kong: City University of Hong Kong Press, 2013. 1-14.

[101] Duanmu, San and Yan Dong. Homophone density and word length in Chinese [A]. *Capturing Phonological Shades within and across Languages* [C]. Ed. Yuchau Hsiao and Lian-Hee Wee. Newcastle upon Tyne: Cambridge Scholars Publishing, 2015. 213-242.

[102] Duanmu, San and Yan Dong. Elastic words in Chinese [A]. *Routledge Encyclopedia of the Chinese Language* [C]. Ed. Chan Sin-Wai. London

and New York: Routledge, 2016. 452-468.

[103] Feng, Shengli. Prosodically determined word-formation in Mandarin Chinese [J]. *Social Sciences in China* 4 (1997): 120-137.

[104] Feng, Shengli. Prosodically constrained postverbal PPs in Mandarin Chinese [J]. *Linguistics* 6 (2003): 1085-1122.

[105] Feng, Shengli. Monosyllabicity and disyllabicity in Chinese prosodic morphology [J]. *Macao Journal of Linguistics* 1 (2009): 4-19.

[106] Karlgren, Bernhard. *Ordet och Pennan i Mittens rike* (*Sound and Symbol in Chinese*) [M]. Stockholm: Svenska Andelsförlaget, 1918.

[107] Liu, Feng-hsi. Verb and syllable in Chinese [R]. Paper presented at the 25th International Conference on Sino-Tibetan Language and Linguistics, Berkeley, 1992.

[108] Lu, Bingfu and San Duanmu. Rhythm and syntax in Chinese: a case study [J]. *Journal of the Chinese Language Teachers Association* 37.2 (2002): 123-136.

[109] Shih, Chilin. The prosodic domain of tone sandhi in Chinese [D]. PhD dissertation, University of California at San Diego, 1986.

[110] Sproat, Richard and Chilin Shih. The cross-linguistic distribution of adjective ordering restrictions [A]. *Interdisciplinary Approaches to Language: Essays in Honor of S.-Y. Kuroda* [C]. Ed. C. Georgopoulos and R. Ishihara. Dordrecht: Kluwer Academic Publishers, 1991. 565-593.

后　记

书稿终于完成，我希望可以在这里解释我们对弹性词现象研究的基本出发点，同时表达我个人的感谢。

弹性词涵盖了各种与词汇长短形式对相关的现象，其中有句法领域的、词汇领域的、语体领域的，所以汉语弹性词现象注定涉及汉语韵律语法、语体语法等诸多研究领域。弹性词研究可以从静态的词汇层面入手，也可以从动态的句法角度切入，我们选择了后者，因为：对静态的词汇层面的单双音节弹性对的统计，反映的是各种生动的语言现象的平面投影。在这种投影中，语言的复杂多样、生动跳跃及出现概率的差异（真实语料中出现概率万分之一的现象与出现概率百分之一的现象，在静态观察中并无区别，都是平行的现象）被大大地扁平化了。一个明显的表现是：在词汇层面的静态统计中，单双音节对应形式可以相互替换的比例很高；可在实际话语当中，能够将其中的双音节形式替换为词典中对应的单音节形式的比例，或将其中的单音节形式替换为词典中对应的双音节形式的比例，是非常低的。下面这句话是我们在调查过程中使用的语料：

对于买房的人来说，买房，不仅要看自家小区如何，也要看周边开发商实力怎样。

几乎所有的被调查人都表示没办法把这句话中的词语用词典中对应的弹性形式替换。我们把同样的内容改换语体风格后，重新组织例句请被调查者判断，得到的结论仍是其中的词语基本没办法用词典中对应的弹性形式替换。这说明，不单口语里真实语句中的词汇不能被词典中对应的弹性形式替换，较正式的书面语体中的词汇也不能。我们使用的书面语体语料如下：

对于购房者而言，意向楼盘自身品质是影响其决定的一个方面，意向楼盘周边其他楼盘的实力也是影响购买的重要因素。

以上对弹性词现象研究的出发点，决定了本书的内容安排。下面终于可以表达一下我的感谢之情了。

2014 年年初的一天，我接到冯老师的电话，听恩师在电话里讲起最近韵律语法学的发展和研究成果，心情好到只看得见我那 80 年代的老房子里照进的阳光。老师告诉我，他要和端木三老师、王洪君老师共同编撰一套韵律语法方面的丛书，问我愿不愿意承担《汉语的弹性词》分册的编写，我非常高兴地接下了任务。冯老师对韵律语法研究倾注了全部的心血和精力，他在推动、发展这一学科过程中所付出的艰辛和努力，恐怕只有我们这些做学生的才能体会。有机会与韵律语法领域的同人、与冯老师一起去完成一项有意义的工作，写一本有意思的小书，求之不得。

斗转星移，时光荏苒，从开始准备这本书到如今，已经整整四年。汉语中的弹性词似乎是大家都了解的概念，研究上有一些成熟的范式，这是有利条件，也是不利的限制。如何能够把多种驳杂的现象统一在一本书中，如何能够正确认识前人的研究成果并得出我个人的观点，是我需要解决的难题。在与冯老师、端木老师及同门的一次次交流中，我逐渐明晰了自己的思路。经历了一次次的材料增补、一次次的书稿框架调整、一次次的关于理论观点和实践研究的讨论，书稿最终得以初成。这个过程中，无数人给我提供了帮助。其中，每次修改后我最期待的总是冯老师高屋建瓴、点石成金的指引和端木老师冷静干脆、细致严密的批评。感谢两位老师，感谢他们丰富了这本小书的灵魂！

这本书涉及汉语韵律语法研究的多个方面，在每个方面，前人都有很多研究成果。为了确保对这些研究成果的正确理解，我没少“折腾”我的同门以及师友们。不过，无论他们多忙，我总能在第一时间得到回复，我提出的问题总能在第一时间得到讨论。你一言，我一语，大家放开了说，互相启发——这一讨论问题的习惯至今还保留着。能参与到这样一个学术团队中是多么幸运！谢谢我的同门！谢谢我的师友！谢谢这个大家庭中的每一员！

最后，要特别感谢丛书的评审专家给本书提出的评审意见，使我能够及时修正书中的不足，完善本书的内容。特别感谢北京语言大学出版社的各位老师为本书的出版所付出的辛劳！

当然，还要感谢家人的理解和支持。

期待大家的指正！

邱金萍

2018 年 5 月